体育教育的践行与思考

弭贵芳 ◎ 著

吉林出版集团股份有限公司

图书在版编目（CIP）数据

体育教育的践行与思考 / 弭贵芳著．—长春：吉林
出版集团股份有限公司，2023.7
ISBN 978-7-5731-3832-3

Ⅰ．①体…　Ⅱ．①弭…　Ⅲ．①体育课—教学研究—高
中—文集　Ⅳ．① G633.962-53

中国国家版本馆CIP数据核字（2023）第147197号

体育教育的践行与思考
TIYU JIAOYU DE JIANXING YU SIKAO

著　　　者	弭贵芳	
责任编辑	齐　琳	
封面设计	中尚图	
开　　　本	710mm×1000mm　1/16	
字　　　数	179千	
印　　　张	13	
版　　　次	2023年7月第1版	
印　　　次	2023年7月第1次印刷	
出版发行	吉林出版集团股份有限公司	
电　　　话	总编办：010-63109269	
	发行部：010-63109269	
印　　　刷	天津中印联印务有限公司	

ISBN 978-7-5731-3832-3　　　　　　定价：59.00元

前　言

岁月不居，而理想长存。

不知不觉间，我已经在高中体育教师的岗位上工作了整整23年。在这23年里，我在坚定的信念理想支撑下，在前辈专家的指引下，在众多良师益友的陪伴下，从一名基层教师，成长为齐鲁名师建设工程人选，成长为省级指导专家，回望过去，收获良多，感慨万千。

从一名活泼好动的孩子，到高中时萌生学习体育的想法，再到后来与体育结缘，并在高中体育教师的岗位上扎根二十余年，体育教育早已成为我生活中的重要组成部分。从开始的论文获奖，到后来的论文一等奖，再到当时最为年轻的教学能手，我逐步成为省级暑期培训课程专家，一点点地进步，一次次地前行，"梦想、践行、思考、坚持"是我的体育教育之路上不变的关键词，它们让我不断走向更高、更远的地方。

在几十年的体育教育工作中，常常会有年轻老师询问我——为自己没有达到某个目标而懊恼，为与机会擦肩而过而哀伤，每当这个时候，我都会告诉他们："任何事都不会随随便便成功，所有的经历都是对你的考验，关键是你怎样看待它，是放弃，还是更加努力？重要的在于选择。"心理学中关于情绪的 ABC 理论：影响人的不是事件本身，而是人对这个事件的不同看法。不同的人对同一件事情有不同的看法，正是这些看法影响着人的行动，从而导致了不同的结果。也正因此，我真心希望所有的年轻体育老师，在面对困难、失败、挫折的时候，不要气馁，要相信路有千条，这条路不通，我们就转变思路，换个方向继续努力，也许会遭遇曲折，但每条路上都会有不同的风景，也会带来更多不同的收获。荣誉的背后是千万次失败后的不懈努力，是点滴积累带来的丰收和喜悦，更是踏上新征程时的激励和鞭策。

体育教育是一门理论与实践并重的学科，体育被赋予的使命，从来不只是身体健康，更是促进学生快乐成长、健全人格的重要组成部分，体育教师所关注的并不仅仅是学生的健康身体，还有自己肩负的立德树人的使命，担负的促进学生全面发展的育人职责。这一切，要求体育教师既要有扎实的专业功底，也要有过硬的教育教学能力；既要能了解学生，根据学生实际设计课堂内容、深化学习成果，扎稳课堂主阵地，又要能向内思索，向上探究；既强健学生体魄，又丰富学生心灵，从而为"体育强国"理想贡献自己的一份力量！

回望体育教育践行过程中的点点滴滴，我整理思绪，写下这本书，鞭策自己前行，也希望能给年轻的体育教师一些启发和帮助。

弭贵芳

2023 年 7 月

➤➤ 目　录

第一章　心怀理想　筑梦体育

结缘体育

童年　与体育初相识

回溯过往，扎根体育的种子早在我的童年初期就已经萌芽。

因为父亲当兵的缘故，我从出生一直到 6 岁的童年早期阶段，都生活在诸城市的部队大院里，受到部队严谨、高效的氛围影响，以及遗传了父亲优秀的运动基因，我和同龄人总是热衷于尝试各式各样的体育运动，我们在平地上奔跑，把矮墙当作马鞍，想方设法地跳来跳去，于不知不觉中摸索着属于自己的"体育技巧"。体育来源于生活，从幼时开始，我便在无意识中锻炼着自己的身体素质，学习着体育技巧，并在和同伴的竞争、协作中感悟着体育精神。

高中　立志成为一名体育生

对于大多数人而言，高中都是至关重要的时期——是很多人做人生第一次重要选择的经历期。我正式踏上体育之路，也是从这个时候开始的。

在初中升高中的阶段，有许多同学选择报考体育特长生。正值花样年华的青少年思维活跃、乐于交流。当时的我陪着一位要好的同学去考特长生，也通过了测试。直到现在，我还记得当时参加测试的场景，更对当时的一段对话记忆犹新。当时，一位同学问另外一位同学："你学习这么好，为什么还来报考体育呢？"那位同学答道："因为我想要锻炼自己的毅力，我认为体育是最能锻炼人的毅力的！"这段对话一下子击中了我——"体育是最能锻炼人的毅力的？我有足够的毅力吗？"于是，我抱着试试看的想法参加了测试，没想到也就此考上了体育特长生。那时，我的高中成绩并不差，高二考试时还位列班级前列，当时班主任还特意找我，和我交流是否要继续走特长生这条路，因为在他看来，我的成绩还不错，继续努力的话，即使不走特长生这条路，也依然可以取得不错的结果。但我未曾犹豫，坚定地表示："我喜欢体育，体育带给我很多的改变，让我变得更有思想，更有毅力，永不服输，敢于竞争。"这些体育精神也被我运用到学习当中，不断激励着我向前。我会经常和队友们互相鼓励，互相比赛，看谁学得最刻苦。印象最深的是晚自习下课后，我们会坚持在教室多学习一会儿，自己的学习结束后，如果看到其他班级的队友仍在学习，那下一次我也会学得更久、离开得更晚。我时刻谨记体育精神，始终坚持努力训练、刻苦学习，就这样，取得了越来越好的成绩。回望过去，我真切地体会到：真正发自内心的积极进取，往往能激发人更大的潜能。

与学习相对比，高中时期的训练生活，也是苦并快乐着。

那时的我们，穿着蓝色的带竖条的秋裤和军大衣进行训练，一双鞋子补了又补，每个人都朴素却意志坚定。我总是在跑步热身的时候对未来充满憧憬，也一次次坚定着自己的努力方向。因为对武术充满了敬畏与向往，我确认了武术作为我的专项。那时学校没有专业的武术老师，我们便和校外的老师学习，每周去校外上两次课。因为时间有限，我们更加珍惜每节训练课的时间，我们武术队的所有队员会在晚自习后，不约而同地去操场，复习所学内容，大家互相交流、互相练习、互相纠错，自发组织练习。这样的主动积极学习，使得每个人的学习效率都特别高。

时光荏苒，紧张、充实的高中生活一晃而过，可惜的是，在高考时，我文化课发挥失常，导致高考成绩并不理想，进入了一所专科学校。

大学 走上体育教育之路

高考结果出来的时候，身边很多人为我没上本科而遗憾，但我自己却觉得，只要心怀理想，认真努力，就一定会有所成就。

来到大学后，我发现老师们学识渊博、和蔼可亲，也多得是比我优秀的同学。我秉持着自己一贯认真、踏实的态度，努力上好每一节课，做好每一次练习。面对酷爱的武术，我恨不得把大把的时间都用来学习和练习。上学的时候，我每天早起和几个同伴跟专项老师学习，剑术、刀术、枪术等等全都是在那个时候学到的。老师也会有意识地锻炼我，让我教导一个9岁的小师妹。一开始，我只会一遍遍地给她做动作，让她跟着学习，这样虽然教会了师妹，但我自己也倍感劳累。后来，我逐渐知道可以通过给师妹讲动作要领，让她更快地学会内容，在这个过程中，不仅自己的专项水平得到了提高，而且教授水平也得到了提高，就这样一步步地，为自己胜任高中武术训练奠定了良好的基础。大学期间，我也会积极参加各种活动，如舞蹈表演、武术表演、演讲比赛等，不仅锻炼了我的表现力，也促使我在各方面不断进步、提升。努力不会白费，大学期间，我因为表现优异先后获得了校三好学生、德州市三好学生、山东省优秀毕业生的荣誉。

毕业后的1999年9月，我怀着满腔热情和一丝忐忑，回到了母校宁津县第一中学任教，自此开启了我的体育教育生涯。近30年的光阴里，每一次学习、每一个任务、每一张证书，都是我行走在体育教育之路上的见证和肯定，也正是因为不断地践行与思考，才使自己的体育事业发展之路不断延伸、拓展，走得更宽、更远。

在反思中成长

1999 年，我有幸被县重点高中录用，成为学校唯一的一名女体育教师。终于将理想变成职业，对于大多数人来说，这都是令人万分兴奋和喜悦的事情。怀揣理想，努力执着，我开始了"因梦想而执着，因执着而努力，因努力而收获"的体育教学生涯。

经过几年的历练，在 2004 年，我终于拥有了参加市级优质课比赛的资格。这场优质课比赛的结果并不好，但却让我印象深刻，通过这次比赛经历，我找到了自己授课过程中的问题，寻觅到了解决方法，更让我从内心深处坚定地认识到——只有专业，才能让体育之路走得更长远。

4 月的阳光明媚灿烂，接到比赛消息的那一刻，我正带领学生在位于济南的山东师范大学参加体育高考。当时的信息渠道远没有现在发达，激动兴奋之余，我又格外忐忑和紧张，一是手边没有任何课程资料，二是自己对如何上好一堂优质课缺乏相应的经验和理解。

冷静之后，我决定先从教案学习、备好课开始做起。我找到在山东师范大学就读的我的学生，让她帮我借来图书馆的体育教案，我自己进行复印后学习。白天带领学生考试，晚上在结束了关于学生的各方面工作后，认真学习教案，并向同行老师请教，成为我那段时间的日常。时间飞逝，学生考试返校的日子恰逢我讲课的时间，来不及试讲，我直接抵达比赛地点。上课时，我尽己所能竭力讲清楚各部分内容，但与设想不同的是，学生并不能够按照我的要求和计划去执行，原本设计好的教案内容很难完整执行下去。那堂课上下来，自我感觉非常不好，我不断反思：要如何改进自己的问题，如何带来一堂"好课"呢？

终于，在聆听了所有参赛教师的课之后，我有了关于"好课"的初步认知和理解。尤其是比赛过程中，德州一中的周靖老师带来的课程《篮球》

和德州二中的张文老师所授的内容《技巧：前滚翻》，给了我很多的启发：他们将游戏融入教学，使学生能够在开心玩耍的同时不知不觉掌握技能，并充分发展了学生的创新能力。除此之外，课堂队伍的组织调动并然有序，环节流畅完整。我在不断地观摩和反思中，找到了自己上课存在的问题和解决办法，明确了一名优秀的体育教师应该如何上课。我将这些启示记录下来，不断督促自己，并以此为要求，提前预设多种课堂情况和问题的产生，为自己上好一堂课做足准备，为成为一名更加专业、素质更强的体育教育工作者而不断努力。此后，经过不断总结，终于自2004年开始，我先后参与并荣获多项省、市级优质课奖项。

要想上好优质课，以下几点值得注意：

1. 着运动装，佩戴口哨，身上不允许带其他装饰、挂饰。

2. 教案设计好后要试讲，看看课的效果怎样。

3. 根据效果反思授课存在的问题：

（1）要认真分析教材，充分考虑学情设定教学目标。

（2）要做好安全防护，提前让学生检查自己身上有无尖锐的物品，课上安排注意保护与帮助，避免学生出现运动损伤。

（3）准备部分既要起到热身的效果，又要能集中学生注意力，激发学生兴趣。

（4）基本部分要围绕教学的重难点，设计多样的教学方法，使学生快速掌握动作。并在此过程中，发展学生的合作、竞争能力。

（5）结束部分设计要达到使学生身心恢复的目的，同时通过总结回顾所学的内容，对学生的课堂表现予以客观性、鼓励性评价。

（6）准备部分、基本部分、结束部分用时要合理。队形调动要快捷，组织教学要严谨，学生的练习强度、练习密度要科学。

（7）教师的讲解要语言精练、明确具体、清晰明了。

（8）思考教学设计是否充分考虑学情，是否关注了学生的个体差异。

（9）学练结束后，一定要检验学习成果，评价学生是否达到学习目标。

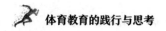

为理想插上信念的翅膀

在工作以后的日子里，实践越多，我越感觉自己的理论知识和业务水平存在不足。为进一步提高自己的业务水平，解决自身在教学中遇到的一些困惑，也为了让自己的体育教育理想得以更好地实现，我在工作后决心进修本科。于是，下课后挑灯学习，课间向其他同事请教，休息日前往图书馆借阅资料成为我的日常。遇到困难的时候，不是没有想过放弃，但是内心的声音始终支撑着我，"再坚持一下，再前进一点儿"。终于，在2001年我如愿考上本科并顺利拿到学位。学位证书到手的那一刻，同事们纷纷向我表示祝贺，我的内心也难掩欣喜和激动。伴随着努力和阶段性成功，我"立志成为一名优秀教师"的信念越发坚定，也正是这份信念，促使我在日后的无数个日夜里，稳步前行。

2006年，工作7年后，我拥有了参评市教学能手的资格，并克服重重困难，成为当年体育学科最年轻的"德州市教学能手"。进步与成功的背后是一次次失败的经验总结，是不断激励自己的努力获得。我很想以此告诉年轻的朋友，当有机会去参与和锻炼的时候，当有梦想和愿望的时候，一定要尽力去尝试、去努力，也许短期内还达不到很高的水平，但每一次参与都是对自己的锻炼，每一次努力都终会有所收获，这些阶段性的成绩会在无形中提高自己的水平，令人获益颇多。而这些阶段成果，正如累积台阶的基石一样，一定会成为你前进路上不可或缺的踏板，助你直挂云帆，破浪前行！

时光飞逝，2011年，我小结自己的职业生涯，写下了《在努力中收获成功》一文，并发表于2011年2月的《中国学校体育》上，为自己的理想画上一个美妙的里程符。

在努力中收获成功

一、小试身手展风采

武术项目是山东省体育高考专项测试内容之一，学校以前没有武术专项教师，而作为武术专业的毕业生，我的到来正好填补了这一空白。在第一次训练中，有个调皮的男生绕着我转了一圈，从头看到脚细细打量后小声嘀咕道："这是新来的武术老师？我还以为是新来的学生，能会什么呢？"面对质疑，我知道必须证明自己，此时刚好有几位男生跟着起哄，希望新教师展示一下，这也正合我意。我简单做了一些准备活动，然后先展示了武术基本功——踢腿、劈叉、腾空飞脚等，又展示了一套拳术，从男生惊讶的眼神和女生的掌声中，我知道自己已经初步博得了他们的认可与信赖，为后面的共同学习奠定了基础。

二、因材施教长技艺

演练是一回事，真正的教学又是另一回事。印象最深的是教习棍术那节课，我先是详细讲解、示范多遍，然后留给学生大量的时间进行练习。但后来的展示并不成功，有的学生动作不连贯，有的学生动作不到位，更难以做到刚劲有力、形神兼备。当时，我非常着急，毕竟已经是高三的学生了，如果照这样练下去，高考时肯定过不了关。课后，我对"如何才能使学生练好武术"这个问题进行了反思：第一，武术对于柔韧、弹跳、协调等各方面素质要求较高，而这批学生的自制力比较差，因此要严格管理；第二，要充满自信，教师有了信心才能带给学生必胜的信念，才能调动起学生学习的积极性；第三，我还确立了分层教学的策略，即对素质较好、接受较快的学生，应及时表扬，并安排他们当小组长来带动和帮助能力一般的学生；对素质较差、接受较慢的学生，应鼓励他们树立信心，并亲自辅导他们。在后来的教学中，学生逐渐有了变化：能够主动训练了，劈叉到位了，套路熟练了，动作变得标准了。功夫不负有心人，高考时，这批学生武术专项全部过关，其中一人考入了山东师范大学。而我也赢得了师生的好评，获得了同行的认可，得到了领导的赞扬。

三、自我加压求上进

学然后知不足，教然后知困。教学的经历让我愈加感到自己知识的有限和不足。为了尽快提高自己的业务水平，解决在教学中遇到的一些困惑，我决定进修本科，而高等数学和英语成了我必须面对的两道难关。于是，白天备课、上课和训练，晚上学习，尤其是学习高等数学和英语成了我的常态生活。家人睡了，我还在灯下一遍又一遍地看书，做题。遇到不懂的内容就及时记录，第二天到学校后再请教数学、英语专业的同事。那段时间由于经常的熬夜和承受着压力，体重也直降了 10 多斤，但换来的结果是考上了本科并顺利拿到了学位。由此，我深深懂得，在人生的道路上要时时抓住每一个身边的机会。

四、战胜困难求卓越

2006 年，在市教学能手评选中，学校达到评选条件的只有我一人，可当时女儿刚出生 5 天，家人都强烈反对我参加比赛。我理解家人的好意，女儿时时刻刻离不开妈妈的怀抱，我的身体也比较虚弱且不宜过度劳累，何况即使参与也不一定成功。但是我不想放弃，这是一个难得的锻炼自己、挑战自我的好机会。我一边耐心地说服家人，一边积极准备。最终，全家人由反对转为了全力支持，我也经受住各种考验，成为当时最年轻的教学能手。

为了进一步开拓自己的视野，我自费订阅了《中国学校体育》等体育专业杂志，不断汲取着优秀教师的教学经验，收获了很多经验。在 2009 年山东省新课程网上培训中，我将所学知识灵活地运用到培训当中，因表现优异被评为"山东省优秀学员"。现在我又加入了中国学校体育 QQ 群，可以和更多优秀的教师零距离接触，寻找新的成长着力点，获取更多的知识。

一路走来，一路追寻，我在努力中收获着成功。

第二章　体育教育的专业践行

好教案是如何产生的

课堂，是教师不变的主阵地。保证课堂成效的第一个步骤，便是写好教案，做好教学设计。

从教二十余年来，我参加过大大小小的比赛、论坛不计其数，也担任过相关赛事的评委和指导老师，在体育教育道路上，无论何时，所有成绩的取得，都离不开一份优质教案的奠基和引导，好的教学设计便是成功的一半。一份好教案，是积累、学习与实践的共同成果，是课堂教学成功的前提。

学习，为进步提供永恒动能

"师者，所以传道授业解惑也。"教师是学生学习道路上的引路人，教师的本职工作要求教师要通过自身的教学实践，给学生传授知识，培养学生的实践能力，使学生知晓事理。与此同时，还要求教师应当具备"学而不厌，诲人不倦"的精神，将教育事业传承发扬下去。可见，教师工作要求教师要有渊博的知识、专业的素养、清晰的逻辑思维，只有这样，才能完全胜任这项工作。终身学习，不仅是教师应当树立的职业理念，还是教师取得进步和稳步成长的唯一途径。

在我看来，在工作过程中取得的每一次成绩都必然伴随着一次学习，而每一次学习都必然会带来新的变化和进步。学习不仅能丰富自己的教育理论知识，而且能够帮助自己将所学转化为输出，从而取得更好的工作成果。

2006 年，德州市教学能手评选开启，我幸运地成为我校体育组唯一拥有参评资格的人选——幸运的背后是平日里点点滴滴努力的积累。但那时，女儿刚出生 5 天，幼小的女儿尚且离不开妈妈的怀抱，我自己的身体又如何经得起过分劳累呢？家人的反对以及即使参与了也不一定能成功的现实摆在我面前，但静下心来，我内心深处的声音告诉我别放弃。于是，面对这样难得的锻炼、挑战自我的机会，我一边耐心地说服家人，一边抓紧时间积极准备。

市教学能手的评选有多个环节比试，其中教案和授课是尤为重要的两项。吸取之前的经验，我不断学习，努力提升自己。首先是多方面搜集素材、分析内容，那时的网络远不如现在发达，我便充分利用图书馆和优秀前辈的资料，认真研读，复印整理，做足笔记，内化吸收。并且不断练习，结合课程安排，认真练习书写教案，在写完之后不断进行模拟、再评、修改，如此反复。最终，在扎实的学习和准备后，我终于通过重重考验，取得良好成绩，成为获奖选手中最年轻的教师，也在教案书写和授课方面取得了质的进步。这段经历给了我继续努力的动力，同样，也让我真切地明白：努力学习，坚持向前，时间终会给你想要的答案。

2007 年 8 月，获"德州市教学能手"称号，参评教案《篮球：单手胸前传球、双手胸前接球》如下。

《篮球：单手胸前传球、双手胸前接球》
教学设计

一、指导思想

1. 健康第一，快乐体育。

2. 以激发学生兴趣为目的，开拓学生思维，发挥学生的主体作用，培养终身体育的意识。

3. 注重学生的心理体验，发展学生个性，培养学生的创新意识，加强学生之间的相互合作和团队意识。

二、内容设计

整节课按照"调动情绪，激发兴趣；培养技能，团结协作；稳定情绪，恢复身心"的程序来进行设计。

1. 调动情绪，激发兴趣。上课时，采用扇形排列的集合方式，给学生以轻松的氛围，随后采用跟随音乐进行各种跑及球操的练习，使学生以期待及愉悦的心情进入课堂，学习新知识。

2. 培养技能，团结协作。这一部分的内容采取讲解要点、示范，让学生循序渐进、由易到难多做练习的方式加强对技术动作的掌握，同时采用启发式教学、挂图等直观式教学方法，突出学生的主体作用。并且因材施教，让学生根据自己的不同水平，选择合适的练习方式，给学生自由发挥的空间。最后通过比赛的方式培养学生应用知识及团结协作的能力。在这一过程中，教师通过语言激励、评价引导、适时表扬，增强学生的自尊心、自信心，培养学生自我探索、自主学习的能力，提高学生锻炼的热情和积极性。

3. 稳定情绪，恢复身心。采用拍打肌肉及跟随音乐舞蹈的放松方式，使身体和心理都得到放松。

三、本节课的特色

1. 注重学生的心理体验。伴随音乐进行各种跑的练习代替了传统的跑圈形式，不仅使身体得到了热身，而且提高了学生参与体育锻炼的兴趣和热情。不同风格音乐的使用营造出轻松自然的课堂气氛。

2. 采用观察、提问、启发诱导式教学，发展学生的思维能力。

3. 不同难度和不同形式的练习方法，给了学生自由发挥和创造的空间，使学生体验到成功感，增强了自信心。

4. 注重学生的自主学习、自我探索、团结协作的能力。

5. 追求合理的过渡及队形调整，使整节课更显紧凑。

表2-1　教案《篮球：单手胸前传球、双手胸前接球》

班级：高一13班　人数：40人　任课老师：羿贵芳　时间：2006年11月

教学内容	篮球：单手胸前传球、双手胸前接球					
教学目标	运动参与：让每位学生都乐于进行传接球的练习。运动技能：使学生能掌握单手胸前传球及双手胸前接球的技术动作。身体健康：发展学生的上肢及协调能力。心理健康：使学生在学习中体验到运动的快乐及成功的喜悦，增强学生自尊心和自信心。社会适应：培养学生认真练习、互相讨论，团结协作和聚于竞争的良好品格。				学习阶段	水平五
重点	动作技术的掌握。					
难点	在掌握动作的基础上能够提高传接球的速度并能灵活运用。					
安全提示	在进行传接球练习时要求学生要注意力集中，避免发生碰撞或球被砸到等意外伤害事故。					
程序	教学内容	教师指导	学生活动	组织方法	要求	教育因素
调动情绪、激发兴趣（8分钟）	1. 课堂常规。(1) 体委报告人数。(2) 师生问好。(3) 宣布上课内容：单手胸前传球、双手胸前接球。(4) 检查服装，安排见习生。	教师口令指挥。教师宣布上课内容。检查服装。	以教师为中心靠拢。立正、稍息、认真听讲，了解本课情况。	成扇形集合整队。	动作快，精神饱满。	增强组织纪律性和进行礼仪教育。

续表

程序	教学内容	教师指导	学生活动	组织方法	要求	教育因素
调动情绪，激发兴趣（8分钟）	2.准备活动 （1）围成一个大圆，随音乐进行各种跑的练习（前踢腿、后踢腿等）。	教师讲解跑的路线和内容，启发学生设置情景进行练习。	按照教师的提示练习。	依次按线跑成一个圆，前后距离适中。 ○△	行动有秩序，迅速。随音乐有条理进行准备活动，充分热身。	发展学生的模仿能力。
	（2）球操 手指运动； 上肢运动； 下肢运动； 体侧运动； 体转运动； 腹背运动； 滚球及运球练习。	教师领做。	在教师的指导下，跟随教师一起做球操（音乐）。	圆形站立，面向圆心，左右距离适中。 ○△	1.动作协调，活动开身体。 2.持球要稳，按节拍做。 3.拨球要快而有弹性。 4.运球时上引下按，动作连贯有力，抬头运球。 5.允许自由发挥。	发展学生个性，动作协调能力和模仿能力。

续表

程序	教学内容	教师指导	学生活动	组织方法	要求	教育因素
培养技能，团结协作（27分钟）	1. 了解传接球的重要性及单手胸前传球的特点。 2. 学习单手胸前传球及学习双手胸前接球的动作技术。 （1）单手胸前传球 要点：前臂短促前伸，手腕前屈快速有力，食中、无名指拨球动作小而迅速。 （2）双手胸前接球 要点：伸手迎球，指端触球时双手迅速后引，护球，准备做下一个动作。	1. 提出问题，启发学生思考。 2. 出示挂图进行讲解单手胸前传球及双手胸前接球的动作要领、要求。并适时进行示范。 3. 找学生示范。 4. 分散进行两人一球原地传接球练习。 5. 教师巡回指导，鼓励，并提示已掌握好技术的学生进行另一手的传接球练习。	1. 思考，讨论教师提出的问题并回答。 2. 认真听讲，仔细看图，并通过观察教师的示范动作加深印象。 3. 观看同学示范。 4. 按教师要求分散练习。 5. 在练习中不断思考，讨论，提出问题。掌握技术后可接手练习。 6. 听老师讲解，观察。	绕圈走，每人依次拿一篮球后围成一个扇形： （△图示） 四列横队： （△图示）	1. 行动有秩序，迅速。 2. 态度认真，积极思考与讨论。 3. 仔细观察。 4. 体会动作，技术协调。 5. 积极开动脑筋，巧学巧练。	启发学生思维，培养学生注意力。 提高学生观察能力。 提高上肢和协调能力。 动脑，动手，勤备。 练习且敢于尝试。 提示：注意安全。 合作配合，积极进取。

续表

程序	教学内容	教师指导	学生活动	组织方法	要求	教育因素
培养技能，团结协作（27分钟）	3. 两人一球原地传接球练习。 4. 两人两球原地传接球练习。 5. 练习与应用：传接球比赛。	6. 鸣哨暂停，让学生展示，随后讲解两人两球传接球的方法、注意事项并示范。 7. 两人两球传接球练习。 8. 找学生示范、评价。 9. 教师讲解比赛规则、要求。 10. 鸣哨，比赛。	7. 根据自己情况练习。 8. 观察评价。 9. 认真听取比赛规则、要求。 10. 认真练习。	队形如下： 二　二 △ 二　二	6. 注意力集中，认真听讲。 7. 积极思考，动作准确、练习，到位，迅速。 8. 态度认真。 9. 运用好所学技术。	团结协作能力及技术的实际运用能力。
稳定情绪，恢复身心（5分钟）	1. 放松练习。 （1）拍打肌肉。 （2）舞蹈。 2. 小结。 3. 布置作业。 4. 收回器材。 5. 下课，师生再见。	1. 老师领做。 2. 总结优缺点，表扬，鼓励为主。	1. 学生随音乐练习。 2. 仔细听教师总结及布置作业。	四列横队： ———— △	1. 动作协调，充分放松。 2. 认真听讲。	放松身体，愉悦身心。

续表

程序	序	教学内容	教师指导	学生活动	组织方法	要求	教育因素
	生理负荷					场地器材： 篮球：41 个 录音机：1 部 挂图：1 套	
	小结	本节课学生的学习兴趣非常高，能够自觉地进行练习，但仍有学生动作技术不熟练，需继续多加练习并多采用比赛的方式加强应用。				练习密度：50%~55%	

脉搏（次/分）

180 160 140 120 100 90 70

0 10 20 30 40 时间（分钟）

交流，让前行的脚步更扎实

教师职业，本身即是非常注重互相协作、交流、共同促进的职业。我们可以在交流中了解前辈经验，获悉前沿理论，在交流中解除自身疑惑，了解教学实际。更重要的是，不断地参与交流，能让理论带上真实的生活气息，成为肉眼可见的教育法宝，助力我们的前行之路走得更扎实稳妥。

2003 年 3 月 31 日，教育部印发了《普通高中课程方案（实验）》和 15 个学科课程标准（实验）。山东省作为首批实验省，于 2004 年秋季开始了普通高中新课程实验，各地市、各级单位均组织开展如火如荼的培训工作。在培训学习的过程中，我不断地向专家和同行前辈请教，逐步理解了课程性质、课程基本理念、课程目标等。2008 年 9 月，我参与山东省高中教师新课程研修学习，除了认真听课、学习理论，在研修过程中和其他教师同行的交流更让我受益匪浅，对如何应用理论、提升业务水平有了进一步的理解。学习结束后，我获得了"山东省高中教师新课程研修学习优秀学员"的称号。新的改革，新的挑战，带来新的学习与交流经历。

为深化基础知识，我翻开自己的大学教材，进一步学习体育教育、解剖学、生理学、心理学等知识，通过网络、图书馆等渠道，多方搜集材料，补充内容，不断给自己充电。与此同时，时代在变化，随着新课程改革的落实，教学理念、教材内容、教案设计等也在相应发生着变化；面对这些变化，我一方面认真领悟参加研修时的内容理论，另一方面认真研读教材，悉心请教同事，与同事交流讨论，分析高中课本中体育项目内容的价值和知识技能要点。学习交流的过程，不仅是为比赛做准备的过程，也是充实自己、夯实自身的过程，它打开了我的视野，让我的所得不仅是书本上的冰冷文字，也带上了热腾腾的生活经验和教学感知，更加真实、具体、可操控，体悟更深、内涵更广。最终，在 2009 年 9 月举行的德州市第一届高中教师知识对抗赛和随后举行的第二届高中教师说课对抗赛中，我均获得了体育与健康学科第二名的好成绩。这一切，都离不开交流体验。

2009 年 9 月，获德州市第二届高中教师说课对抗赛体育与健康学科第二名，参赛说课稿《侧向滑步推铅球》如下。

侧向滑步推铅球

尊敬的各位评委，各位老师：

大家好！我是来自宁津一中的体育教师弭贵芳。今天我说课的题目是《侧向滑步推铅球》，对于这节课的设计，我将从教材、教学目标、教学过程以及教学效果四个方面来进行分析。

一、教材分析

《侧向滑步推铅球》是高中体育与健康课程中田径类必修模块的教学内容之一，在高中阶段需要达到水平五的标准。通过练习能发展学生的力量和协调素质，培养学生吃苦耐劳的优良品质，因此在整个体育与健康教学中有着十分重要的作用。本单元共 6 课时，本节课是第 3 课时，学习滑步与最后用力的衔接，在整个单元教学中起着承上启下的作用。

根据教材的特点，我将本节课的教学重点定为——最后用力；根据学生的实际情况，我将本节课的难点定为——滑步与最后用力的衔接。

二、教学目标

高中学生身心发展日趋成熟，有较强的观察力、模仿力、理解力和概括能力，考虑到本节课的教育对象是高中的学生，根据本节课的教学内容，结合学生认知特点，以及水平五、模块、单元教学计划，我制定了以下具体目标。

1.认知目标：学生能够说出滑步与最后用力结合的动作要领。

2.技能目标：滑步与最后用力衔接自然，用力正确。

3.情感目标：学生有安全锻炼的意识，在教师的引导下积极思考，交流探索，能够勇于克服困难。

为了更好地落实教学目标，在教法上，采用情景教学法、游戏法激发学生的学习兴趣；采用问题法、启发式教学法引导学生积极思考，发展学生的思维能力；采用讲解法和示范法帮助学生理解要领，规范动作。在此过程中，注重调动学生的积极性和关注学生的个体差异，使学生在宽松、愉悦的氛围中学习知识，掌握技能。

在学法上，采用了尝试练习法、讨论法、观察法等，利用活动当导学，在教师的启发引导下去练习、体会、思索、领悟，从而提高学生的自主、探究、合作能力，使学生真正参与到运动中去。

三、教学过程

以上是我对教材和教学目标的分析，接下来我再阐述一下我的教学过程。结合学生身心发展的规律和运动技能形成的规律，整个教学过程按照课堂常规、激趣热身、体验学习、放松总结这样的程序来设计。

1. 课堂常规部分（2分钟）

集合、整队、检查人数、安排见习生，提醒安全注意事项等。了解学生的出勤情况，使学生明确本节课的教学内容、目标和要求，消除安全隐患。

2. 激趣热身部分（6分钟）

我设计了两个环节。

第一个环节是跑同心圆，充分进行热身。

第二个环节是双人操。在双人操当中设计了与学习内容有关的辅助练习，比如，两人推手、两人背对背成反弓练习等。充分活动各关节，避免运动损伤，同时，加强学生的协作配合，为主要内容的学习做好铺垫。

3. 体验学习部分（32分钟）

我设计了八个环节。

第一个环节是游戏"穿越封锁线"（结合画图，配合手势简单讲解游戏方法）。游戏的方法是：分为两组，一组是进攻方，站到进攻线后，另外一组是防守方，手持沙包站在相距10米的封锁线后。当听到进攻开始的口令时，进攻方前进，在封锁线区域防守方可采用沙包投掷穿越封锁线的进攻队员，投中表示牺牲，进攻队员要灵活躲闪，避免被沙包击中。当所有队员到达终点后，第一回合结束，然后互换角色进行第二回合。两回合结束，哪组被击中的少哪组胜利。

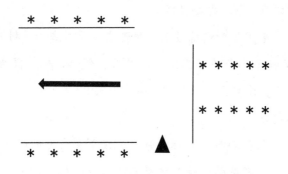

图 2-1　游戏"穿越封锁线"示意图

这样设计的目的是激发学生的学习兴趣，引导学生理解侧向滑步推铅球的来源、价值和意义。

第二个环节是尝试体验。学生两人一组，利用橡皮筋进行反弓练习、滑步与最后用力的衔接练习。皮筋的使用极大地调动了学生的积极性。根据教师安排，学生循序渐进体会：两脚落地快、蹬转挺推拨正确的用力顺序以及身体成反弓超越器械等动作技术。在交流和探索中，提高学生的自主学习能力。

第三个环节是学生展示。引导学生思考"该同学的动作较好，好在哪儿？"引领学生认真观察、对比、思考，进一步明确滑步接最后用力的动作要领。

第四个环节是教师讲解示范。通过聆听讲解、观看示范，树立正确的动作概念。

第五个环节分组练习。

练习一　徒手练习滑步接最后用力。

练习二　手持实心球练习滑步接最后用力。

练习三　手持铅球练习滑步接最后用力投过一定高度的皮筋。

通过模仿正确动作，手持轻器械练习体会、改进动作，投过一定高度的障碍，纠正学生的出手角度和协调用力。循序渐进，由易到难地引导学生逐步掌握动作。

第六个环节是学以致用。环节设置游戏：炸碉堡。给学生创设一定的活动情景，调动学生的兴奋性，在实践中应用侧向滑步推铅球技术。通过游戏进一步巩固所学动作，培养学生的集体主义精神，使力量小但认真学习、能够掌握技术的同学也能体验到成功感。

第七个环节是小组展示和评价。在展示前，先让学生在其他小组中各找一名好朋友，目的是进行一对一的观察和帮助。这样设计，既能激发学生的表现力，又能使其他同学带着任务去观察、分析和评价，起到一个小老师的作用，有利于学生更好地掌握动作。

第八个环节是素质练习。环节设置游戏：抢炮弹。创设情景调动学生练习的积极性，同时进行补偿性的奔跑、搬运练习，提高学生的速度、力量等素质和团结合作的精神。

在体验学习部分的教学中，采用了游戏导入以及橡皮筋辅助练习方式引导学生尝试体验，同时结合教师讲解、示范、创设情境等方式，引导学生尝试—探索—学习—实践—展示—评价，从而突出重点，突破难点。

4.放松总结部分（5分钟）

带领学生伴随音乐舞蹈放松，然后与学生交流体验。对学生的积极表现和进步予以表扬。让学生回顾本节课知识并思考：滑步的目的是什么？使学生进一步理解动作的原理。最后布置作业，值日生回收器材，师生再见。

四、效果分析

通过对教学过程再思考，我认为教学中可能出现的问题：

1.学生存在个体差异，性格也不尽相同，有的学生可能由于力量小产生自卑心理。

解决方法：在教学中关注学生的情感体验，通过帮助、引导、鼓励，使学生体验到成功感。

2.铅球出手时不是拨球，而是扔球。

解决方法：教师语言提示，如该动作类似篮球投篮出手时拨的动作，只不过方向不同。根据学生已有的知识、经验，通过对比引导学生明确正确的动作，安排学生两人一组对推练习体会推拨动作，教师及时给予指导纠错。

五、场地器材，预计课的效果

录音机1台，实心球40个，铅球20个，跳高架4副，长绳4根，呼啦圈4个。预计课的教学目标基本实现，预计课的平均心率110~130次／分，练习密度50%~55%。

反思，为长久远航加码

纵观事物的发展规律，始终是呈螺旋式的上升发展，不断发现问题，总结问题，坚持优点，改正不足，才能取得进步和提升。在这个过程中，反思显得尤为重要，只有不断反思，擅于总结，才能找到不足，精进提升。对于教师而言，通过对教学过程的回顾、分析、审视和反省，全面看待自己的教学理念、教学内容、教学行为和效果，并总结教学成败的原因，是锻造教学艺术、增强教学效果的重要一环。

学会反思，能帮助教师改变很多惯性思维，真正使教学迈上一个新台阶，有助于教师实践的专业化提升。反思一方面可以对科学的教学理念、行之有效的教学方法予以充分肯定，不断丰富教师的教学阅历；另一方面又是教师自我剖析、不断找出理论与实践尚有冲突的地方，并不断改进教学方法、完善教学实践的过程。如果教师能针对教学，时时认真思考教学是否符合科学规律、是否符合教育本质、是否充分考量了学生实际以及是否贴合社会需求等，其教学实践也必然会越来越合理。除此之外，若能够在日常的教学中，认真钻研教学所得，并用审视的目光对待理论与实践之间的矛盾，教师的教学技能自然而然也会得到提升，使教师更快地实现自我成长，甚至完成自我教育。

一直以来，为了丰富自己的理论知识，提高教育教学水平，我广泛阅读，也始终坚持课后复盘，积极反思自己的课堂教学内容和教学方法，坚持写感悟、钻科研。每堂课后，我都会认真记录自己的得意与失误之处，仔细思考学生的问题、建议，记录学生的反馈，由此不断精进自己的教学设计，为日后的教案设计和课堂教学提供参考。我相信，发扬优点，改正不足，坚持调动学生思维和行为的优良举措，避免不必要的动作发生，循环往复，必会使自身变得更加专业，而唯有专业，才是保证体育教育之路走得长远的根本。逐渐地，勤于反思成为我不变的工作习惯，而这一习惯，也使得我的每一次进步都来得更快，来得更稳。

2011 年 5 月，我再次获得德州市教学能手称号，参评教案为《接力跑——下压式传接棒》教学设计。

《接力跑——下压式传接棒》教学设计

一、指导思想

本课以"健康第一"为指导思想，以认识规律、动作技能形成规律和心理负荷规律为理论依据，注重面向全体学生，关注学生的个体差异。在教学过程中，遵循"教为主导，学为主体"的教学理念，通过教师的引导，启发学生在体验、观察中探索、思考、合作、交流，并利用科学合理的教学方法和多样的组织形式激发学生的学习兴趣，提高学习效率，锻炼学生的协作精神和竞争意识。

二、教材分析

接力跑是高中体育与健康课程必修模块田径内容之一，是由快速跑和传、接棒技术组成集体配合的径赛项目。接力跑教学，能使学生了解接力跑的动作技术要领和比赛规则，发展学生的快速奔跑能力，培养学生团结协作的优良品质以及良好的竞争意识。

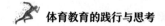

三、学情分析

本节课的授课对象是高一学生。这个年龄阶段的学生已具备了一定的运动知识和技能基础，而且具有一定的观察力、模仿力、理解力和概括能力，集体荣誉感强，好胜心强。因此，在教学中给学生以自主学习的时间、积极探索的空间，充分调动学生的积极性、主动性，以使学生更好地掌握知识，提高技能，身心得到全面发展。

四、教学目标

知识目标：学生能够掌握"下压式"传接棒的动作要领以及注意事项。

技能目标：80%的学生能够在接力区内，在快速跑中完成"下压式"传接棒。

情感目标：通过提出问题，激发学生思考、探究欲望；利用游戏及比赛营造欢快的学习氛围，培养学生的团结精神和竞争意识。

五、教学的重点、难点

教学重点："下压式"传接棒技术。

教学难点：在接力区内，在快速跑中完成"下压式"传接棒技术。

六、教法与学法

教法：采用游戏法、启发式教学法调动学生的积极性，发展学生的思维能力，引导学生进行探究性的学习，并适时地点拨与示范，使学生树立正确的动作表象，更好地掌握所学动作。

学法：采用尝试学习法、小组合作学习法。在教学过程中，在教师的引导下，学生以自主学习、协作练习为主，将小组练习与比赛相结合，充分发挥学生的主体作用，培养学生的自学能力、合作能力和探究精神，使学生真正成为学习的主人。

七、教学流程

整节课按照"调动情绪，激发兴趣；探究体验，合作学练；提高技能，灵活运用；调节情绪，恢复身心"的程序来进行设计。

（一）调动情绪，激发兴趣（5分钟）

1. 课堂常规

要求：集中注意力，精神饱满，认真听讲，明确目标，注意安全。组织如图2-2。

（1）体育委员整队，报告人数。

（2）师生问好。

（3）利用挂图自然导入本节课的教学内容，宣布教学目标及要求。

（4）检查服装，安排见习生。

（5）分小组，选出小组长。

图2-2 整队

【设计意图：引导学生以饱满的情绪进入学习状态，明确本节课的教学内容、目标和要求。突出小组群体，强化小组长作用。】

2. 热身

要求：跟随音乐节奏，在慢跑的过程中跟老师做前踢腿、后踢腿等动作。

方法：两路纵队沿同心圆场地慢跑。伴随音乐跑同心圆。组织如图2-3。

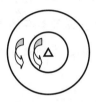

图2-3 热身

【设计意图：注重学生的情感体验。伴随着音乐跑同心圆以及跟随节

25

奏做动作代替了传统的、枯燥的跑步形式，不仅使学生的身体得到了锻炼，而且激发了学生的学习热情和积极性。】

3. 双人拍手操：扩胸运动、振臂运动、体转运动、腹背运动、弓步压腿、跳跃运动。

要求：协调配合、动作到位，充分活动各关节。

方法：里圈同学与外圈同学背靠背站立，调整距离，做双人拍手操。组织如图 2-4。

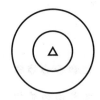

图 2-4 双人拍手操

【设计意图：活动身体各关节，避免运动损伤。同时贴近主题，培养协作能力。】

4. 游戏：手拉手接力取棒

要求：遵守规则，注意安全，团结协作。

规则：每次取一个接力跑；外圈的第一名同学与第二名同学击掌后方能跑。

方法：将接力棒24根，平均分成4份，放置在同心圆中心。全班同学分四组，站在同心圆上。比赛时，每组外圈的第一名同学在跑动中与里圈的第一名同学手拉手跑到本组的中心取棒，再跑回到原来的位置，与外圈的第二名同学击掌，击掌后，外圈的第二名同学再在跑动中与里圈的第二名同学手拉手跑取棒，依次类推，直到最后一组同学跑完为止。组织如图2-5。

图 2-5 手拉手接力取棒游戏

【设计意图：巧妙的利用同心圆场地进行游戏。"手拉手跑接力"的设计让学生在无形当中初步体验了"异侧臂交接，错肩站位"等接力跑当中需要注意的事项，为主要内容的学习奠定基础。合理地拿取了器材，提高了实效性，同时也自然而然地过渡到接力跑的教学。】

（二）探究体验，合作学练（13分钟）

由同心圆自然过渡到扇形的集合方式，给学生创造轻松的学习氛围，拉近了师生之间的距离。

图 2-6 扇形的集合方式

1.提出问题

（1）接力跑包括哪些技术？（跑的技术和传接棒技术）

（2）接力跑的传接棒方式有哪几种？（上挑式和下压式）

【设计意图：通过问题法集中学生注意力，导入本节课的主要内容——"下压式"传接棒。】

2.边提问，边演示，启发学生思考

（1）"下压式"顾名思义就是将棒自上而下压入接棒人的手中，那接棒人的手臂应该怎样做？手型应怎样？（手臂：向后伸直；手型：掌心向上，四指并拢，拇指分开，虎口朝后）

（2）结合"手拉手接力取棒"游戏思考：原地进行传接棒技术应注意哪些问题？（错肩站位，异侧臂传接棒）

【设计意图：通过层层深入的提问，引导学生初步概括"下压式"传接棒的动作要领及原地传接棒时的注意事项，为掌握重点、难点奠定基础。】

3. 出示问题卡片，引导学生带着问题结合挂图分组进行尝试性练习

要求：循序渐进练习，互教、互学，相互协作，积极动脑，在体验当中找出问题答案。

练习内容：原地"下压式"传接棒练习；跑动中的"下压式"传接棒练习。组织如图2-7。

问题卡：

探究思考
（1）结合挂图，体验原地"下压式"传接棒技术，总结动作要领。 （2）尝试跑动中进行"下压式"传接棒技术，思考如何配合默契，如何传接得又稳又准。

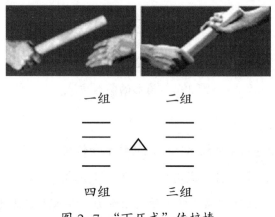

一组　　　　二组

四组　　　　三组

图2-7　"下压式"传接棒

【设计意图：充分发挥学生的主体作用，利用挂图这种直观式的教学方式启发、引导学生在初步理解动作要领的基础上，在分组学习、尝试练习、合作探究中逐步体验动作技术，发展学生的思维能力。】

4. 学生展示、评价，教师激励性评价与指导

要求：大胆展示、评价。组织如图2-8。

图 2-8　学生展示

【设计意图：激励学生大胆演示，发展学生个性，创造热情高涨的学习氛围。同时及时发现存在的问题，启发学生学会纠正，以使学生深入理解动作技术。】

（三）提高技能，灵活运用（17分钟）

1.在分组学练和学生展示的基础上，师生共同归纳总结动作要领及注意事项口诀，并配合示范（图2-8）。

"下压式"传接棒动作要领：当传棒人发出传棒的信号后，接棒人迅速将接棒手臂向后伸直，掌心向上，四指并拢，拇指分开，虎口朝后。传棒人将棒的前端自上而下压送到接棒人手中。

注意事项口诀：跑动中传接棒，两人配合要默契；

看时机定距离，一点五米最适宜。

传棒人给信号，伸臂探肩向前递；

接棒人听信号，异臂贴身快后伸。

【设计意图：充分发挥学生的主动性，发展学生的概括能力，使学生在体验、观察中思考、领悟，进一步明确动作概念；师生共同总结动作要领和注意事项口诀以及协同示范，有利于学生深入领会本节课的教学重点和难点。】

2.分组练习，互相帮助，改正错误动作。小组长带领到练习场地，教师指导，并适时激励（图2-7）。

【设计意图：给学生充分的时间和空间，激励学生在明确动作要领和注意事项的基础上，主动改正自己的错误动作，掌握正确技术。并增强练习密度，形成正确的动力定型。鼓励学生互帮、互助，提高信心。】

3. 巩固提高。在此阶段提出下一环节进行接力比赛，强调比赛不仅看跑的成绩，还注重学生技能的掌握（图2-7）。

【设计意图：明确练习、比赛的要求，调动学生的积极性；通过针对性的练习，巩固所学知识，逐步突破本节课的教学重点和难点。】

4. 接力跑比赛。教师讲解比赛的规则和要求，提出比赛的方法（必要时示范）和计分方法（附表）。引导学生了解接力跑的有关知识，巩固所学的技能（图2-9）。

要求：（1）遵守规则；（2）灵活运用"下压式"传接棒方式；（3）小组长要实事求是地打分；（4）注意安全。

规则：（1）每组每名同学只能跑一次，要绕过标志物；（2）灵活运用"下压式"传接棒方式；（3）接棒同学要在接力区内，在快速跑中完成传接棒技术。

方法：将全班同学分成四个组，在各自场地两个标志物的连线处站立。传棒同学和接棒同学分别在起跑线及预跑线后站立，迅速起跑，绕过两个标志物，在接力区内将棒传给同组下一名同学，依次进行，直至最后一名同学跑完冲过终点。

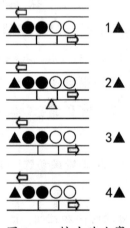

图 2-9　接力跑比赛

计分方法：小组分＝名次分＋技能总分

计分说明：

（1）名次分

第一名：24分；第二名：20分；第三名：18分；第四名：16分。

（2）技能总分 $=\sum_{i=1}^{11}$（Ai+Bi+Ci）=A1+B1+C1+A2+B2+C2+······+A11+B11+C11

A. 两名传接棒同学是异侧臂传接棒得1分；

B. 两名传接棒同学采用的"下压式"传接棒动作正确得1分（教学重点）；

C. 两名传接棒同学若是在接力区内，在跑动中传接棒得1分（教学难点）。

按比赛规则每组12人，需交接棒11次，A1+B1+C1是1次传接棒的技能分，技能总分是11次传接棒的技能分之和。

【设计意图：充分利用评价机制。游戏的规则和计分方法紧紧围绕本节课的教学重点和难点，从而落实课堂教学目标，巩固所学知识，锻炼学生灵活运用知识的能力。比赛的形式既活跃了课堂气氛，又培养了学生遵守规则、团结协作的优良品质以及良好的竞争意识。】

（四）调节情绪、恢复身心（5分钟）

1. 放松。选用《阳光总在风雨后》这首音乐，将舞蹈和瑜伽动作创编在一起，带领学生一同放松。

2. 总结与评价。让学生回忆归纳动作要领，并谈谈学习的体会。最后，教师简要评价。

3. 师生再见，收拾器材。

【设计意图：利用优美的动作伴随音乐进行身心放松，使学生的情感得到升华。通过总结与评价，引导学生重温技术要点，分享收获，在愉悦的氛围中师生再见。】

表2-2 技能总分计算表

棒次＼技能项	A.异侧臂传接棒（1分）	B."下压式"传接棒动作正确（1分）	C.在接力区内，在跑动中传接棒（1分）	备注
1、2棒队员交接棒				
2、3棒队员交接棒				
3、4棒队员交接棒				
4、5棒队员交接棒				
5、6棒队员交接棒				
6、7棒队员交接棒				
7、8棒队员交接棒				
8、9棒队员交接棒				
9、10棒队员交接棒				
10、11棒队员交接棒				
11、12棒队员交接棒				
技能总分				

要求：1.遵守规则。每组每名同学只能跑一次，要绕过标志物。

2.小组长要实事求是地打分。

表2-3 "下压式"接力跑教案

教学对象：高一年级48人 　　　水平阶段：水平五 　　　授课教师：弭贵芳

学习内容	接力跑的"下压式"传接棒技术	课次	第一次
学习目标	知识目标：学生能够掌握"下压式"传接棒的动作要领以及注意事项。 技能目标：80%的学生能够在快速奔跑中，在接力区内完成传、接棒技术。 情感目标：通过提出问题，激发学生思考、探究欲望；利用游戏及比赛营造欢快的学习氛围，培养学生的团结精神和竞争意识。		
重点	掌握接力跑"下压式"传接棒技术。		
难点	在接力区内，在快速跑中完成"下压式"传接棒技术。		

程序	课的内容	教师活动	学生活动	组织形式
调动情绪 （6分钟， 强度小）	1.课堂常规。 （1）明确本节课的内容与要求。 （2）检查服装。 （3）突出小组群体，强化小组长的作用。 2.绕同心圆跑。在跑的过程中进行扩胸和振臂运动。	1.引导学生以饱满的情绪进入到学习状态。 （1）鸣哨集合。 （2）师生问好。 （3）宣布教学内容与要求，检查服装，安排见习生。 2.教师说明跑的路线，带领学生一同热身。	1.遵守课堂常规，树立良好的精神风貌。 （1）体育委员整队，报告人数。 （2）师生问好。 （3）认真思考，积极回答教师提问。 2.在教师的带领下，伴随着音乐，积极主动地做好身心准备。	组织： ●●●●●● ●●●●●● ○○○○○○ ○○○○○○ △ 要求：集中注意力，精神饱满，认真听讲，明确目标，注意安全。 热身队形： 要求：积极热身。
激发兴趣 （4分钟， 强度小）	1.双人拍手操。 体转运动； 腹背运动； 弓步压腿； 跳跃运动。 2.游戏：手拉手取棒。	1.提出练习要求，通过示范、语言激发等形式，提高学生的练习兴趣。并且主动参与其中，师生同乐。 2.讲解游戏的方法及规则。	1.和同伴协作配合，充分活动各个关节。 2.积极参与，遵守规则，团结协作。	做操队形： 要求：充分活动各关节。 游戏队形： 要求：遵守规则，注意安全，团结协作。

程序	课的内容	教师活动	学生活动	组织形式
探究学习（1分钟，强度小）	接力跑的传接棒方式：上挑式和下压式。	教师提问： （1）接力跑包括哪些技术？ （2）接力跑的传接棒方式有哪几种？	善于思考，积极回答问题，创造良好的学习氛围。	组织： 要求：认真聆听，积极思考。
尝试体验（3分钟，强度中）	出示图板，提出问题，启发学生探究思考。 （1）"下压式"传接棒的动作要领。 （2）接力跑的注意事项。 1. 分组尝试性练习，解决问题。结合学习卡、挂图小组长带领分组学练"下压式"传接棒技术。 2. 学生展示、评价。通过学生大胆演示，发展学生个性，创造热情高涨的学习氛围。	教师启发、引导学生。 （1）"下压"顾名思义就是将棒自上而下压入接棒人的手中，那接棒人的手型应该是什么样的？ （2）原地及跑动中完成传接棒技术应注意哪些问题？如何配合默契？ 1. 学生自主练习时巡回指导、个别纠正。 2. 教师激励性评价与指导。及时发现学生的优点，鼓励学生大胆演示，激发学生的学习热情。	认真思考，积极动脑。 接棒人手型：掌心向上，四指并拢，拇指分开，虎口朝后。 1. 结合学习卡、挂图在小组长带领下循序渐进地分组练习。 （1）原地持棒传接棒练习。 （2）跑动中的传接棒练习。 2. 学生自评、互评。 （1）通过对动作的完成情况及时进行自评和互评，深入理解正确的技术动作。 （2）动作演示，展示个性。	下压式传接棒： 组织：原地徒手、跑动中练习队形： 要求：传棒人和接棒人必须用异侧手来完成；行进间传接棒时，接棒人要在运动中完成传接棒的动作配合。

程序	课的内容	教师活动	学生活动	组织形式
提高技能（16分钟，难度大）	1.精讲要点，进行示范。 "下压式"传接棒技术要领：当传棒人发出传棒的信号后，接棒人迅速将接棒手臂向后伸直，掌心向上，四指并拢，拇指分开，虎口朝后。传棒人将棒自上而下压送到接棒人手中。 注意事项：错肩站位，异手传接；把握时机，配合默契。 2.分组练习。 3.巩固提高。	1.集体讲解、纠正错误，正确示范。在学生的练习过程中，教师及时发现错误动作，通过集体讲解、个别纠正的方式，使学生正确掌握动作要领。 2.教师巡回指导。 3.教师提出下一环节接力比赛的目的要求，激励学生积极练习。	1.学生认真聆听，深入理解。 （1）仔细观察教师的示范动作，树立正确的动作概念。 （2）纠正自己的错误动作，掌握动作要领。 2.积极主动地练习，互相交流，协作配合。 3.刻苦练习，掌握技能，突破教学的重点、难点。	组织： 要求：大胆展示评价。 组织： 要求：认真聆听观察。 分组巩固练习及比赛队形： ●●○○　1▲ ●●○○　2▲ ●●○○　3▲ ●●○○　4▲ 方法：将全班同学分成四个组，分别成一列横队在两个标志物的连线处站立。传棒和接棒的同学在各自跑道起跑线后站立，做好起跑准备。

35

程序	课的内容	教师活动	学生活动	组织形式
灵活运用（10分钟，难度大）	接力游戏：（1）巩固技术要领。通过接力比赛，进一步提高教学效果，使学生熟练掌握传接棒的技术要领。（2）强化技术的灵活性。促使学生在接力比赛中，能够灵活运用"下压式"传接棒技术。（3）促进情感培养。通过比赛，培养学生善于思考，积极进取，团结协作，密切配合的优良品质。（4）增强身体素质，提高运动能力。	教师启发引导学生了解接力跑的有关知识。（1）通过教师讲解及必要的动作示范，使学生明白比赛的分组、规则及要求。（2）语言激发。在比赛中，教师及时鼓励，激发学生的热情，创造欢快热烈的比赛氛围。（3）教师讲评与学生自评、互评相结合。对比赛完成情况及学生掌握、运用技术的情况进行客观公正的评价，进一步强化教学效果，提高教学质量。	主动参与比赛：（1）积极加油助威。（2）加强协作配合。（3）认真进行讨论。（4）开展自评、互评。注重多元评价。	每组第一名同学持接力棒，听到教师口令后，迅速起跑，绕过两个标志物后跑回起跑线，将接力棒传给同组下一名同学，依次进行。规则：1.每组每名同学只能跑一次，要绕过标志物。2.灵活运用"下压式"传接棒方式。3.接棒同学要在接力区内，在快速跑中完成传接棒技术。4.注意安全。
调节情绪恢复身心（5分钟，强度小）	1.整理放松舞蹈《阳光总在风雨后》。2.课堂小结。3.宣布课后作业：思考"下压式"传接棒的优点和缺点。4.师生再见。5.回收器材。	1.教师带领，语言提示。教师与学生一起做放松活动，并进行必要的语言提示。2.客观讲评，适当鼓励。教师对本课内容进行恰当的评价，肯定学生成绩，指出以后要改进的地方，鼓励学生坚持经常性练习。3.宣布下课，师生再见。4.送还器材。	1.跟随《阳光总在风雨后》的音乐节奏，在教师带领下一起做放松整理活动，使感情得到升华。2.认真听老师小结，并能进行客观评价。3.师生再见。4.值日生收器材。	组织：●●●●●●● ●●●●●●● ○○○○○○○ ○○○○○○○ △ 要求：聆听音乐，身心放松，在轻松的课堂气氛中师生再见。

程序	课的内容	教师活动	学生活动	组织形式
教学效果	练习密度： 50%~55%	脉搏曲线： 脉搏（次/分）		
场地器材	空场地，接力棒24根，标志物8个，音响1套，挂图4套			

2012年10月，在教育部组织的第五届全国中小学体育教学观摩展示活动中，获一等奖。参评教案《武术——剑术》如下。

武术——剑术单元计划

授课教师：郓贵芳　　授课年级：高中二年级　　单位：宁津县第一中学

一、指导思想

本单元遵循"健康第一"的指导思想，依据《体育与健康课程标准》水平五的目标要求进行设计，旨在挖掘开发民族传统体育课程，弘扬民族精神。引导学生在体育活动中，体验主动参与并获得成功的乐趣，培养学生自学、自练、自评的能力以及吃苦耐劳的精神。

二、教材分析

本单元教学选择武术——剑术。

武术——剑术是中华民族的传统体育项目，将其作为教学内容，目的是弘扬民族文化，发扬尚武崇德的精神，有效地发展学生的柔韧、协调、灵敏等体能要素，使学生学会有利于终身体育发展的技能，具有较强的健身性、教育性。

表2-4 武术——剑术单元计划（8课时）

授课对象：高二年级 　　　　　　　　　　　　　　　　水平阶段：水平五

教学目标	1.认知目标：通过本单元8课时剑术内容的教学，学生能主动积极参与到学练中。 2.技能目标：90%~95%的学生通过观察、模仿、相互交流、尝试练习能够掌握剑术组合的动作技术，做到动作到位、协调连贯有力。发展协调、柔韧、力量等素质。 3.情感目标：使学生能以积极认真的态度学习，在课堂上培养学生谦虚好学、团结协作、开拓创新的学习能力以及崇尚武德的精神。		
重点	动作技术的掌握。		
难点	动作正确到位、连贯协调有力、形神兼备。		
课次	达成目标	教学内容	教学策略
第一次课	1.了解剑术的特点。 2.初步掌握武术基本的步法、剑的基本手型和握法，以及简单的主要运动方法。 3.树立崇尚武德的精神。	1.武术基本步法。 2.剑的基本手型和握法，以及简单主要运动方法。	1.学习武术礼节。 2.介绍剑术特点。 3.学习武术基本步法、剑的基本手型和握法，以及简单主要运动方法。 4.尝试练习，分组探究学习。 5.学生创编武术操。
第二次课	1.提高学生对剑术动作的认知水平。 2.90%~95%的学生能在小组长带领下，完成自编剑术1—4技术动作。 3.培养学生创新意识，克服困难的良好品质。	1.自主创新活动。 2.剑术1—4技术动作。	1.强调武德的礼节，注意动作礼节。 2.学习剑术1—4技术动作。 3.结合口诀及挂图自主尝试练习。 4.教师巡回指导。 5.分组展示。
第三次课	1.改进提高自编剑术1—4技术动作，初步掌5—8技术动作。 2.通过练习发展学生的协调、柔韧、素质。 3.培养学生合作学习、自主学习的意识，激发学生武术学习的兴趣。	1.复习提高预备式和1—4技术动作。 2.学习第5—8技术动作。	1.强调武德的礼节，注意动作礼节。 2.教师带领复习提高剑术1—4技术动作。 3.结合口诀及挂图自主尝试练习5—8技术动作。 4.教师巡回指导。 5.分组展示(可创编队形)。

课次	达成目标	教学内容	教学策略
第四次课	1.改进提高自编剑1—8技术动作，初步掌握9—13技术动作。 2.通过练习发展学生的协调、柔韧、素质。 3.培养学生合作学习、自主学习的意识，激发学生武术学习的兴趣。	1.复习提高预备式和1—8技术动作。 2.学习9—13技术动作。	1.强调武德的礼节，注意动作礼节。 2.小组长带领复习提高剑术1—8技术动作。 3.结合口诀及挂图自主尝试练习9—13技术动作。 4.教师巡回指导。 5.分组展示(可创编队形)。
第五次课	1.改进提高自编剑1—13技术动作，初步掌握14—17技术动作。 2.通过练习发展学生的协调、柔韧、素质。 3.培养学生合作学习、自主学习的意识，激发学生武术学习的兴趣。	1.复习提高预备式和1—13技术动作。 2.学习14—17技术动作。	1.强调武德的礼节，注意动作礼节。 2.小组长带领复习提高剑术1—13技术动作。 3.结合口诀及挂图自主尝试练习14—17技术动作。 4.教师巡回指导。 5.分组展示(可创编队形)。
第六次课	1.改进提高自编剑1—17技术动作，初步掌握18—20技术动作。 2.通过练习发展学生的协调、柔韧、素质。 3.培养学生合作学习、自主学习的意识，激发学生武术学习的兴趣。	1.复习提高预备式和1—17技术动作。 2.学习18—20技术动作。	1.强调武德的礼节，注意动作礼节。 2.小组长带领复习提高剑术1—17技术动作。 3.结合口诀及挂图自主尝试练习18—20技术动作。 4.教师巡回指导。 5.分组展示(可创编队形)。
第七次课	1.巩固提高武术套路，较熟练地完成教学动作。 2.发展学生思维能力，能进行剑术组合动作的拓展与串联。培养学生克服困难，不断进取的品质。 3.提高自主学习，自评和互评能力。	1.复习全套技术动作。 2.小组自编组合动作。	1.复习武术套路。 2.引导学生根据已学动作进行组合创编。 3.评价与小结。 4.发展身体素质练习。

课次	达成目标	教学内容	教学策略
第八次课	1.通过考评，检查本单元的教与学的状况。 2.发展学生的协调、柔韧素质。 3.培养武德修养以及终身体育意识。	考评	1.讲解考核的标准和要求。 2.在教师的指挥下，学生集体练习1~2遍。 3.分组练习。 4.考评（自评、互评、师评）。 5.师生对考评结果共同总结。

《武术——剑术》教学设计

一、指导思想

本课遵循"健康第一"的指导思想，挖掘开发民族传统体育课程，弘扬民族精神，提高学生技能，增强学生体质，促进学生身心健康发展。

二、教材分析

武术是中华民族的传统体育项目，将其作为教学内容，目的是弘扬民族文化，发扬尚武崇德的精神，有效地发展学生的柔韧、协调、灵敏等体能要素，使学生学会有利于终身体育发展的技能。

剑是武术器械中短兵器的一种。其特点是轻快、敏捷、洒脱、灵活，刚柔相济，富有韵律，很受学生喜欢。通过学习和锻炼能够增强学生体质，培养学生良好的身体姿势，以及勇于克服困难的优良品质，具有较强的健身性、教育性。

本节课是剑术单元中的第三次课，学生在前两次课当中已经学习了基本的剑法及1—4动的动作，对"剑术"有一定的认识。

三、学情分析

本节课的授课对象是高二学生。

认知特点：这个年龄阶段的学生具有一定的观察力、模仿力、理解力和概括能力。

知识技能：在前两次课中已经学习了基本的剑法及1—4动的动作，对"剑术"有一定的认识，但由于只学习过两课时，所以对动作的记忆不牢固。

情感态度：集体荣誉感强，好胜心强。

综合学生以上特点，在教学中给学生自主的时间、探索的空间，充分调动学生的积极性、主动性，以使学生更好地掌握知识，提高技能，身心得到全面发展。

四、教学目标

1. 认知目标：提高学生对剑术动作的认知水平，利用剑术来强身健体。

2. 技能目标：85%学生独立完成自编剑术1—8动，发展学生协调、力量等素质。

3. 情感目标：在教、学、思、练、评中体验合作学习的乐趣及重礼仪的优秀传统。

五、教学的重点、难点

教学重点：使学生掌握自编剑术1—8动的动作技术。

教学难点：动作准确到位、协调连贯有力、体现"形神兼备"。

六、教法与学法

教法：采用创设情境、诱导学习、讲解示范、集体与个别纠正等方法开展教学。课上利用挂图促进学生自主学习和合作学习；自编口诀激发学生的参与热情，强化学生记忆；通过小组展示来激发学生主动学习的热情，提高学习效果。

学法：学生通过听讲、模仿、体验探究、小组合作学习等方式。

七、教学流程

1. 开始部分：集合整队，严明纪律，宣布本次课的内容和目标。

2. 准备、热身部分：听音乐，手持剑进行同心圆快走及跑，在走、跑过程中跟随第一排排头做动作。接着让学生分组利用器械进行各种活动练习，激发学生的学习热情和积极性，使身心较快地进入学习和运动状态。

3. 学习技能部分

（1）复习刺剑、斩剑、劈剑、崩剑、削剑等五种剑法。

（2）复习剑术 1—4 动技术动作。

（3）分组学练 5—8 动（互教互学），教师指导。

（4）各组展示（自评、互评）。

（5）听音乐，师生共练。

4. 结束小结

伴随音乐《阳光总在风雨后》带领学生放松，使学生的情感得到升华。通过总结与评价，引导学生回顾知识，检验学习成果，分享收获，在愉悦的氛围中师生再见。

八、场地器材

操场平地，图示板 4 块，音响 1 套，剑 41 把等。

九、预计运动负荷

练习密度约 50%，运动强度中等，最高心率 150 次 / 分钟，平均心率约 130 次 / 分钟。

表 2-5 《武术——剑术》教案

教学对象：高二年级 40 人　　水平阶段：水平五　　授课教师：弭贵芳

教学内容	剑术		课次	第三次
学习目标	1. 认知目标：提高学生对剑术动作的认知水平，掌握利用剑术来强身健体。 2. 技能目标：90%~95% 的学生能在教师或小组长带领下，完成本单元第 3 课时自编剑术 1—8 动作。 3. 情感目标：在互相的教、学、思、练、评中体验合作学习的乐趣及重礼仪的优秀传统。			
重点	使学生掌握自编剑术 1—8 动的动作技术。			
难点	动作准确到位、协调连贯有力。			

程序	课的内容	教师活动	学生活动	组织形式
激趣练习（6分钟，强度小）	1. 课堂常规。 （1）严明纪律，强调武德。 （2）明确本节课的内容与要求。 （3）分小组。 2. 持剑"圆形阵"跑。	1. 师生问好。 （1）结合本课内容用精练的语言对学生进行思想动员，使学生明确本节课教学目标及要求。 （2）分小组，语言激励学生情感。 2. 讲解跑的路线和方法；伴随音乐和学生一同练习。	1. 体育委员整队，报告人数。 （1）师生问好。 （2）认真听讲、思考，积极回答教师提问，明确内容、目标和要求。 2. 认真听讲，领会任务；在教师的带领下，伴随着音乐，做好身心准备。	组织： ●●●●●● ●●●●●● ○○○○○○ ○○○○○○ △ 要求：集中注意力，精神饱满，认真听讲，明确目标。 热身及做操队形： 要求：学生沿圆进行队列慢跑。
自主活动（4分钟，强度中）	创编游戏活动。分组利用剑（带鞘）做各种活动练习。	教师启发引导活动的方法。提醒学生注意安全，爱护器材。	学生积极思考，积极参与，互相配合，充分活动身体。	活动队形： ○ ● ○○○ ●●● ○○○ ●●● △ ○○○ ●●● ○○○ ●●●
巩固技能（10分钟，强度小）	1. 教师完整剑术套路示范。 2. 复习基本剑法及剑术1—4动。 （1）并步前指 （2）弓步穿刺 （3）虚步交剑 （4）弓步刺剑	1. 教师示范。 2. 教师一边领做，一边口令指挥，提示动作要领。	1. 学生仔细观察。 2. 学生认真练习。	学生模仿练习图示： ○○○○ ●●●● ○○○○ ●●●● ○○○○ ●●●● ○ ○ ● ● △

续表

程序	课的内容	教师活动	学生活动	组织形式
合作探究学习（20分钟，强度中）	学习剑术5—8动。 （1）叉步斩剑 （2）弓步劈剑 （3）歇步崩剑 （4）弓步削剑 收势。	1. 引导学生看剑术口诀。 2. 分配场地，提出要求，让小组长带领学生到各自场地练习。 3. 学生尝试性练习时巡回指导、个别纠正。 4. 提示学生在掌握动作基础上，可进行队形创编。 5. 引导学生创编队形展示表演。鼓励学生大胆演示，肯定学生的优点，并进行激励性评价。 6. 教师带领听音乐集体练习。	1. 认真学习。 2. 小组长带领学生到指定场地。结合剑术口诀，及挂图自主学习，互教互学。 3. 在合作、交流中体验动作技术。 4. 团结合作，开动脑筋，进行队形的创编。 5. 积极演示，相互观摩，体验成功的乐趣。 6.听音乐认真演练。	小组合作自主学习及展示示意图： ○ ● ○○○ ●●● ○○○ ●●● △ ○○○ ●●● ○○○ ●●● ○ ● 要求： （1）积极思考，刻苦练习，互教互学。 （2）大胆展示评价。
愉悦身心（5分钟，强度小）	1. 整理放松舞蹈《阳光总在风雨后》。 2. 课堂小结。 3. 宣布课后练习。 4. 收还器材。	1. 教师带领，语言提示，与学生一起做放松活动。 2. 布置课后练习。 3. 宣布下课，师生再见。 4. 送还器材。	1. 跟随节奏，在教师带领下一起做放松整理活动，使感情得到升华。 2. 认真听老师小结，并能进行客观评价。 3. 师生再见。 4. 值日生收器材。	组织： ○○○○●●●● ○○○○●●●● ○○○○●●●● ○ ○ ● ● △ 要求：聆听音乐身心放松。

续表

程序	课的内容	教师活动	学生活动	组织形式
教学效果	练习密度： 50%~55%	脉搏曲线： 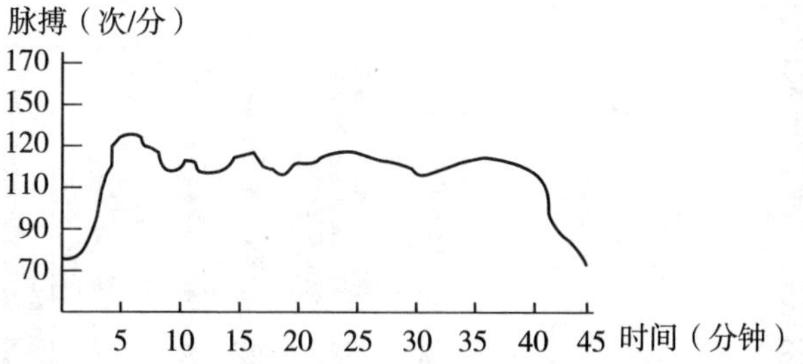 		
场地器材	操场平地，图示板4块，音响1套，剑41把等。	课后反思	1. 应对个别动作不好的学生再加强指导。 2. 在学练的过程中，当学生基本掌握技术的时候，如果能让各组学生两人对照练习一下，效果可能会好。这样可以让学生互相发现问题，互相纠正错误动作，从而更好地掌握技术。	

2012 年 8 月，暑期培训中的教学案例《武术——三段剑术》，作为优秀案例入选山东省《教育技术培训教程》《教学人员版·中级》课程资源。

学习目标

- 运动参与：通过本单元课例的学习，能主动参与身心锻炼过程。
- 运动技能：掌握剑术组合的剑术技术，做到动作到位、协调发力，并在此基础上能够创编组合动作。
- 身体健康：发展柔韧、协调、力量等素质。
- 心理健康：通过小组展示体验到成功感。
- 社会适应：懂得武术的礼仪、树立良好的武德，在学习技能、收集资料、创编表演及制作画报的过程中能够培养协作、互交流、团结协作。

对应标准

- 自尊与体育精神：提高运动技能的运用能力；增强运动技能的水平；在体育活动中能够获得成功感，具有和谐的人际关系、良好的合作精神和体育道德。

学习成果及评价标准

- 学习成果的评价：建立武术剑术专题网站，各小组利用自己收集的武术资料，学习这种剑术的剪辑的影视剪辑、展示，反思、建立自己的专题网页及制作网站。
- 学习成果的评价：将各小组的动作展示录下来，进行评价（自评、互评、教师评价）。
- 学习态度的评价：各小组对本术专题进行设计合理、制作质量、进行科学合理的自评。
- 在活动中能相互交流和配合，有效体现小组合作的精神。

武术——剑术 共面的元规划

学习专题

- 专题一：武术的基本礼仪、基本动作及剑术的基本方法 ❶
- 专题二：三段剑术套路 ❷
- 专题三：剑术动作的创编 ❸
- 专题四：表演、评价 ❹

问题系列

- 主题层面问题？
  - 剑术创编的原则和方法？
- 专题层面问题？
  - 专题一
  - 专题二
  - 专题三
  - 专题四

表2-7 《武术——三段剑术》主题单元设计

主题单元标题	武术——三段剑术		
作者姓名	弭贵芳	所属单位	山东省德州市宁津县第一中学
联系地址	宁津县第一中学	联系电话	13793453343
电子邮箱	miguifang@126.com	邮政编码	253400

学科领域（在内打√表示主属学科，打＋表示相关学科）			
思想品德 音乐 化学 信息技术 劳动与技术	语文 美术 生物 科学	数学 外语 历史 社区服务	√体育 物理 地理 社会实践

其他（请列出）：

适用年级	高中二年级
所需时间	8课时

主题学习概述（简述单元在课程中的地位和作用、单元的组成情况，解释专题的划分和专题之间的关系，主要的学习方式和预期的学习成果，字数300~500字）

　　武术是中华民族的传统体育项目，将其作为教学内容，目的是弘扬民族文化，发扬尚武崇德的精神，使学生学会有利于终身体育发展的技能。剑是武术器械中短兵器的一种。其特点是轻快、敏捷、洒脱、灵活，刚柔相济，很受学生喜欢。通过学习和锻炼能够增强学生体质，培养学生良好的身体姿势，以及勇于克服困难的优良品质，具有较强的健身性、教育性。

　　在本主题单元中，我把剑术设计成了四个专题来组织学生活动。专题一：武术的基本礼仪、武术的基本动作及剑的基本方法。了解武术的基本知识，为专题二的学习做好铺垫。专题二：剑术套路及游戏。通过分组学习等活动，让学生在合作与探究中掌握剑术套路的动作。为专题三的学习打下坚实的基础。专题三：剑术动作的创编。重点通过学生合作探究，让学生学以致用，同时发展学生的思维能力。专题四：表演、评价、制作专题网站。展示学习成果，让学生体验到成就感，同时发展学生的信息素养。

主题学习目标（描述该主题学习所要达到的主要目标）

◇运动参与：通过本单元8课时的剑术学习，能主动参与到学练过程中。

◇运动技能：掌握剑术组合的动作技术，做到动作到位、协调连贯有力，并在此基础上进行创编组合。

◇身体健康：发展柔韧、协调、力量等素质。

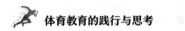

续表

◇心理健康：通过小组展示体验到成功感。
◇社会适应：懂得武术的礼仪，树立良好的武德。在学习技能、收集资料、创编表演及制作简报的过程中能够相互交流，团结协作。
对应课标
◇自觉参与体育锻炼； ◇提高运动技能的水平，增强运动技能的运用能力； ◇增强体能； ◇在体育活动中能够获得成功感； ◇具有和谐的人际关系、良好的合作精神和体育道德。

主题单元问题设计	1. 武德包括哪些内容？在现代社会应如何传承和发扬？ 2. 怎样使你的剑术动作协调、连贯、到位，体现武术的精、气、神？ 3. 创编剑术套路需要攻守平衡吗？
专题划分	专题一（1课时）：剑术的基本方法 专题二（4课时）：三段剑术套路 专题三（2课时）：剑术动作的创编 专题四（1课时）：表演、评价

表 2-8 《武术——三段剑术》主题单元设计专题一

专题一	剑术的基本方法
所需课时	1课时
概述（介绍本专题在整个单元中的作用，以及本专题的主要学习内容、学习活动和学习成果）	
本专题是整个单元学习的第一次课，学习武术的基本礼仪、武术的基本动作以及基本的剑法。在这一单元中，通过让学生课前分组收集资料、课上展示、互教互学等活动，调动学生的积极性和主动性，使学生懂得武术的基本礼仪、掌握武术的基本动作以及基本的剑法，从而为接下来的学习做好铺垫。	
本专题学习目标（描述该学习所要达到的主要目标）	
◇运动参与：能主动参与到武术基本动作及基本剑法的学练过程中。 ◇运动技能：掌握武术基本动作及基本剑法的动作技术，做到动作到位、协调连贯有力。 ◇身体健康：发展柔韧、协调等素质。 ◇心理健康：通过小组展示能够体验到成功感。 ◇社会适应：懂得武术的礼仪。在学习技能、收集资料、互教互学的过程中能相互交流，团结协作。	

本专题问题设计	武德包括哪些内容，在现代社会应如何传承和发扬？ 抱拳礼的含义是什么？ 武术的基本手法、基本步法有哪些？ 基本的剑法有哪些？
本专题教学重点	理解武德的内涵及掌握剑术的基本运动方法。
本专题教学难点	剑术的基本运动方法路线正确、协调有力。
所需教学材料和资源（在此列出学习过程中所需的各种支持资源）	
信息化资源	电脑4台（查阅资料）。
常规资源	剑41把。
支撑环境	室内武术馆或篮球馆。
其他	纸、笔等。
学习活动设计（针对该专题所选择的活动形式及过程）	课前分小组收集资料： 武德的内涵及抱拳礼的含义（一组） 武术的基本手型（二组） 武术的基本步法（三组） 基本的剑法（四组） 活动一：观看武术视频，引导学生理解武德的内涵，并与学生分析现实武术与电影、电视里所体现的区别，明确要练好武术首先要练好基本功。 活动二：热身——游戏"点穴位"。 1.教师讲解游戏的方法与规则。 方法：两人一组，面对面站好。教师发令后，两人互相用剑指点对方后背，当教师喊停的时候看谁点到的次数多。 规则： （1）用剑指点，不允许抓或搂抱对方。 （2）在规定的范围内进行，不许跑出界外。 （3）听老师口令，实事求是报告点到对方的次数。 2.师生共同游戏。 3.教师总结游戏中学生的表现。 活动三：各小组展示交流课前所学成果，教师适时地精讲要领并带领全班学生一同练习，使学生树立正确的动作概念。

学习活动设计（针对该专题所选择的活动形式及过程）	展示一：抱拳礼（一组） 做法：并步站立。左掌四指并拢伸直，大拇指屈曲内扣于虎口处。右手五指握拳，大拇指压于中指、食指之上。左掌右拳在胸前相抱（左手四指根线与右拳四指第二指关节相对），两臂撑圆，拳、掌与胸间距离为20—30厘米。 含义：右手握拳，寓意尚武；左手掩拳，寓意崇德，以武会友；左掌四指并拢，寓意四海武林团结奋进；屈拇指，寓意虚心求教，永不自大；两臂屈圆，寓意天下武林是一家。 展示二：武术的基本手型（二组） 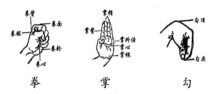 拳　　掌　　勾 展示三：武术的五种基本步法（三组） 弓步　马步　仆步　虚步　歇步 展示四：剑术的基本方法（四组） 1.剑的基本握法和剑指 （1）持剑：掌心贴近护手，食指伸直附掌于剑柄，拇指为一侧，其余手指为另一侧直腕扣握护手，剑脊贴近小臂后侧。 （2）握剑：五指握拢剑柄，虎口靠近护手，剑刃必须与虎口相对。 （3）剑指：中指与食指伸直，其余三指弯曲，拇指按贴在无名指指甲上。 2.剑的主要运动方法 （1）刺剑　（2）斩剑　（3）劈剑　（4）崩剑　（5）削剑 （6）截剑　（7）挂剑　（8）点剑　（9）撩剑　（10）剪腕花 活动四：分组练习（结合电脑中收集的文字材料及视频资料）。教师巡回指导，解决学生的个别问题，突破本节课的教学重点和难点。 活动五：分组竞赛，哪一组做得最好？ 活动六：评价（记录成长档案）。

学习活动设计（针对该专题所选择的活动形式及过程）	活动七：放松（太极拳）、总结、布置课外拓展作业，回收器材，师生再见。 拓展活动： 1.各组利用今天所学的武术基本步法与带有剑鞘的剑结合，自编1节剑术操。（一组：马步；二组：弓步；三组：仆步；四组：歇步或虚步） 2.将各组收集的资料、课上视频、学生的感想用 Word 或 PPT 的形式制成简报发布到专题网站。
教学评价	可评价的学习要素： 1.动作技能的评价 评价方法：现场评价。 评价指标：动作是否准确、到位、协调、有力，路线是否清晰。 2.情感、态度及价值观的评价 评价方法：现场评价。 评价指标：学生对参加活动是否积极；在学习中是否敢于克服遇到的各种困难；活动中能相互交流和合作，体现小组合作精神。 3.资料收集与处理的能力 评价方法：评价量规。 评价指标：能否快速、准确地通过多种电子或非电子渠道搜集和整理有关资料；能将收集的资料、图片、视频详细整理，制成简报，丰富《剑术》主题资源网站。

表2-9　《武术——三段剑术》主题单元设计专题二

专题二	三段剑术套路
所需课时	4课时

概述（介绍本专题在整个单元中的作用，以及本专题的主要学习内容、学习活动和学习成果）
本专题是整个单元中的第二个专题，学习三段剑术套路，同时辅助游戏活动。在这一单元中，通过让学生"观察—体验—质疑—思索—解惑—练习—竞赛"，调动学生的积极性和主动性，使学生掌握三段剑术套路，为下一单元的剑术创编打下坚实的基础。
本专题学习目标（描述该学习所要达到的主要目标）

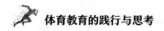
	◇运动参与：能主动参与到三段剑术套路的学练过程中。 ◇运动技能：掌握三段剑术的动作方法，做到动作到位、协调连贯有力。 ◇身体健康：发展柔韧、协调、力量等素质。 ◇心理健康：通过小组展示能够体验到成功感。 ◇社会适应：懂得武术的礼仪。在学习技能、互教互学的过程中能够相互交流，团结协作。
本专题问题设计	1. 你们可不可以利用带有剑鞘的剑做一些游戏活动？ 2. 在学习的过程中，你们遇到了哪些困难或问题（实例）？怎样解决？ 3. 剑术动作攻防技击性是如何体现的？举例说明。 （启发学生解决动作不协调的问题） 4. 观察思考：学生的动作和老师的动作有什么不同？ （启发学生对动作到位及"精、气、神"的理解） 5. 怎样使你的剑术动作协调、连贯、到位，体现武术的精、气、神？
本专题教学重点	掌握三段剑术套路动作。
本专题教学难点	整套动作协调、连贯、有力、形神兼备。
所需教学材料和资源（在此列出学习过程中所需的各种支持资源）	
信息化资源	摄像机、电脑各1台。
常规资源	挂图4套、剑41把。
教学支撑环境	室内武术馆或篮球馆。
其他	纸、笔等。
学习活动设计 （针对该专题所选择的活动形式及过程）	第一课时：三段剑术1—4动 活动一：课堂常规 1. 行抱拳礼，强调武德。 2. 宣布本节课的内容、目标及要求。 3. 分小组，起组名，选组长。 活动二：激趣热身 1. 听音乐，持剑跑"方形阵"。（音乐：武林风） 2. 剑术操。 活动三：复习剑的主要运动方法 （1）刺剑　（2）斩剑　（3）劈剑　（4）崩剑 教师口令指挥，小组长带领学生练习。 活动四：尝试体验 1. 观察教师完整动作示范。

学习活动设计（针对该专题所选择的活动形式及过程）	2. 各小组结合挂图和三段剑术口诀学习 1—4 动。（限时） 三段剑术 1—4 动口诀 预备式：收腹挺胸并步站。 左手持剑肘微屈，右手剑指垂体侧。 第 1 动——起势 （1）两臂曲肘微上体，右腕内旋左甩头。 （2）左脚向左右转身，左抢右屈并步指。 （3）右脚后撤左腿屈，左穿右撤两臂平。 （4）重心后移成虚步，两臂屈肘接握剑。 第 2 动：左脚向前成弓步，左手后摆右前刺。——弓步刺剑 第 3 动：右脚向前成叉步，上体右转向后斩。——叉步斩剑 第 4 动：左脚向前成弓步，左挡右劈看剑尖。——弓步劈剑 教师观察并摄像记录学生的表现及动作的掌握情况。 活动五：探究学习（记录成长档案袋） 1. 想一想：在学习的过程中，你遇到了哪些困难？ ——引导学生自己发现问题，激发学生我要学的欲望。 2. 找一找：结合视频，你觉得在练习套路动作时还存在哪些问题，看哪组发现的问题最多。 ——小组竞赛的方式调动了学生的积极性；让学生寻找"练习套路动作时还存在哪些问题"，有利于学生在观察思考中明确正确的动作概念。 3. 比一比：看哪组解决的问题多？ ——鼓励学生积极动脑，使学生初步掌握正确的技术动作。 4. 练一练：巩固练习，在练习中思考"每一动剑术的攻防技击性"。 ——给学生自主的时间和空间，让学生带着问题去练习，在练习中思考，在思考中领悟。 5. 试一试：请说出每一动剑术的攻防技击性。 ——引导学生理解动作的内涵及劲力。 弓步刺剑攻防含义：可直刺对方胸、腹部。 叉步斩剑攻防含义：斩击身后对方之颈部。 弓步劈剑攻防含义：可用于劈击对方头部。 6. 看一看：你们的动作和老师的动作有没有不同？区别在哪？ ——引导学生理解动作的"精气神"。 7. 说一说：怎样使你的剑术动作协调、连贯、到位，体现武的精、气、神？

学习活动设计（针对该专题所选择的活动形式及过程）	——在理解动作"精、气、神"的基础上，进一步使学生掌握练习的方法。 活动六：巩固练习，已掌握好动作的小组可创编队形 活动七：竞赛表演（视频记录），结合评价量规自评、互评、师评 活动八：恢复身心 1. 放松。 2. 结合视频回顾所学知识，师生畅谈感受。 3. 布置课外拓展活动，收回器材，在愉悦的氛围中师生再见。 拓展活动： 1. 尝试做出三段剑术 2—3 动的防守动作。 2. 将各组收集的资料、课上视频、学生的感想用 word 或 ppt 的形式制成简报发布到专题网站。 第二课时：三段剑术 5—9 动 活动一：课堂常规 1. 行抱拳礼，强调武德。 2. 宣布本节课的内容、目标及要求。 3. 强调团结协作及小组长的带头作用。 活动二：激趣热身 1. 听音乐，持剑跑"螺旋阵"。（音乐：武林风） 2. 利用带有剑鞘的剑进行自主创编游戏。 活动三：复习剑的主要运动方法及三段剑术 1—4 动动作 教师口令指挥，小组长带领学生练习。 活动四：尝试体验 1. 观察教师完整动作示范。 2. 各小组结合挂图和三段剑术口诀学习 5—9 动。（限时） 三段剑术 5—9 动口诀 第 5 动：右脚后插成歇步，体前交叉右手崩。——歇步崩剑 第 6 动：身体后转成弓步，两臂分开右手削。——弓步削剑 第 7 动：右脚后撤左侧挂，右脚上步右侧挂。——左右挂剑 第 8 动：左脚上步成叉步，右臂外旋上下压。——叉步压剑 第 9 动：身体右转一百八，左提右点头上指。——提膝点剑 教师观察并摄像记录学生的表现及动作的掌握情况。 活动五：探究学习 1. 想一想：在学习的过程中，你遇到了哪些困难？

学习活动设计（针对该专题所选择的活动形式及过程）	2. 找一找：结合视频，你觉得在练习套路动作时还存在哪些问题，看哪组发现的问题最多。 3. 比一比：看哪组解决的问题多？ 4. 练一练：巩固练习，在练习中思考每一动剑术的攻防技击性。 5. 试一试：请说出每一动剑术的攻防技击性。 歇步崩剑攻防含义：可从下向上崩击对方持械之手腕。 弓步削剑攻防含义：可削击对方正面攻来的器械。 左右挂剑攻防含义：防守挂击对方向我左右两侧攻击来的器械。 叉步压剑攻防含义：压防对方攻来之器械。 提膝点剑攻防含义：多用于点击对方手腕。 6. 看一看：你们的动作和老师的动作有没有不同？区别在哪儿？ 7. 说一说：怎样使你的剑术动作协调、连贯、到位，体现武术的精、气、神？ 活动六：巩固练习，已掌握好动作的小组可创编队形 活动七：竞赛表演（视频记录），结合评价量规自评、互评、师评 活动八：恢复身心 拓展活动： 1. 尝试做出 5—9 动的防守动作。 2. 将各组收集的资料、课上视频、学生的感想用 Word 或 PPT 的形式制成简报发布到专题网站。 第三课时：三段剑术 10—14 动 活动一：课堂常规 活动二：激趣热身 活动三：复习剑的主要运动方法及三段剑术 1—9 动动作 教师口令指挥，小组长带领学生练习。 活动四：尝试体验 1. 观察教师完整动作示范。 2. 各小组结合挂图和三段剑术口诀学习 10—14 动。（限时） 三段剑术 10—14 动口诀 第 10 动：身体左转九十度，左上右并半蹲刺。——并步刺剑 第 11 动：右脚上步成弓步，右剑上挑左前指。——弓步挑剑 第 12 动：左脚向前成歇步，右剑下劈与腰高。——歇步劈剑 第 13 动：身体立起两步架，左进右虚步托。——上步截腕 第 14 动：左上右摆蹬跳起，右臂后撩左挑起。——跳步撩剑

学习活动设计（针对该专题所选择的活动形式及过程）	教师观察并摄像记录学生的表现及动作的掌握情况。 活动五：探究学习 1.想一想：在学习的过程中，你遇到了哪些困难？ 2.找一找：结合视频，你觉得在练习套路动作时还存在哪些问题，看哪组发现的问题最多。 3.比一比：看哪组解决的问题多？ 4.练一练：巩固练习，在练习中思考：每一动剑术的攻防技击性。 5.试一试：请说出每一动剑术的攻防技击性。 并步刺剑攻防含义：可直刺对方胸、腹部。 弓步挑剑攻防含义：可挑防对方攻我上体之器械。 歇步劈剑攻防含义：劈击对方头、肩、臂部。 上步截腕攻防含义：主要用于防守拦截对方持械进攻我之手腕。 跳步撩剑攻防含义：可防守对方向我左上攻来之器械并迅速向后撩对方上体。 6.看一看：你们的动作和老师的动作有没有不同？区别在哪儿？ 7.说一说：怎样使你的剑术动作协调、连贯、到位，体现武术的精、气、神？ 活动六：巩固练习，已掌握好动作的小组可创编队形 活动七：竞赛表演（视频记录），结合评价量规自评、互评、师评 活动八：恢复身心 拓展活动： 1.尝试做出10—14动的防守动作。 2.将各组收集的资料、课上视频、学生的感想用Word或PPT的形式制成简报发布到专题网站。 第四课时：三段剑术15—18动 活动一：课堂常规 活动二：激趣热身 活动三：复习剑的主要运动方法及三段剑术1—14动动作 教师口令指挥，小组长带领学生练习。 活动四：尝试体验 1.观察教师完整动作示范。 2.各小组结合挂图和三段剑术口诀学习15—18动。（限时） 三段剑术15—18动口诀 第15动：左脚向左腿全蹲，立剑绕环压腹前。——仆步压剑 第16动：右支左提重心起，左手上架右直刺。——提膝刺剑

学习活动设计（针对该专题所选择的活动形式及过程）	第 17 动：身体左转上左脚，左架右抹左腿屈。——弓步抹剑 第 18 动：身体右转九十度，两臂屈肘接握剑。——收势 教师观察并摄像记录学生的表现及动作的掌握情况。 活动五：探究学习 1. 想一想：在学习的过程中，你遇到了哪些困难？ 2. 找一找：结合视频，你觉得在练习套路动作时还存在哪些问题，看哪组发现的问题最多。 3. 比一比：看哪组解决的问题多？ 4. 练一练：巩固练习，在练习中思考：每一动剑术的攻防技击性。 5. 试一试：请说出每一动剑术的攻防技击性。 仆步压剑攻防含义：回带下压防守对方攻我之器械。 提膝刺剑攻防含义：可直刺对方胸部。 弓步抹剑攻防含义：抹杀对方颈部。 6. 看一看：你们的动作和老师的动作有没有不同？区别在哪儿？ 7. 说一说：怎样使你的剑术动作协调、连贯、到位，体现武术的精、气、神？ 活动六：巩固练习，已掌握好动作的小组可创编队形 活动七：竞赛表演（视频记录），结合评价量规自评、互评、师评 活动八：恢复身心 拓展活动： 1. 尝试做出 15—17 动的防守动作。 2. 将各组收集的资料、课上视频、学生的感想用 Word 或 PPT 的形式制成简报发布到专题网站。
教学评价	可评价的学习要素： 1. 动作技能的评价 评价方法：使用评价量规——学生互评＋教师评价。 评价指标：动作是否规范，剑法是否清楚有力，手眼能否协调配合，套路是否熟练并有节奏感。 2. 情感、态度及价值观的评价 评价方法：使用评价量规——学生互评＋教师评价 评价指标：（1）各组是否提出实质性的困难与问题。 （2）能否积极的解答、讨论各组提出的问题。 （3）能否认真地学练。 （4）分工是否明确，合作是否愉快，资料保存是否完整有序。

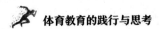

表2-10 《武术——三段剑术》主题单元设计专题三

专题三	剑术动作的创编
所需课时	2课时
概述（介绍本专题在整个单元中的作用，以及本专题的主要学习内容、学习活动和学习成果）	
本专题是整个单元中的第三个专题，属于研究性学习活动。通过上两个专题的学习，学生已经具备了一定的剑术知识和技能基础，因此，在这一单元中，主要通过"提出问题—合作探究—尝试创编"，调动学生的积极性和主动性，发展学生的创新能力，培养学生团结协作的优良品质。使学生掌握三段剑术的基础，能够灵活应用知识，为终身体育打下基础。	
本专题学习目标（描述该学习所要达到的主要目标）	
◇运动参与：能主动参与到剑术组合创编的学练过程中。 ◇运动技能：能够创编6—8动剑术组合动作，培养学生合作和创新学习的能力。 ◇身体健康：发展柔韧、协调、力量等素质。 ◇心理健康：通过小组展示能够体验到成功感。 ◇社会适应：懂得武术的礼仪。在研究学习过程中能够相互交流，团结协作。	
本专题问题设计	1.三段剑术包括哪些主要剑法、基本的步型以及平衡、跳跃动作。 2.三段剑术有什么特点？ 3.创编剑术套路需要攻守平衡吗？ 4.剑术创编的规律是什么？ 5.剑术创编的原则是什么？
本专题教学重点	剑术创编的规律及原则。
本专题教学难点	创编的剑术组合动作规范、舒展、流畅、有新意。
所需教学材料和资源（在此列出学习过程中所需的各种支持资源）	
信息化资源	摄像机、电脑各1台。
常规资源	剑41把，研究性学习表格。
教学支撑环境	室内武术馆或篮球馆。
其他	纸、笔等。
学习活动设计（针对该专题所选择的活动形式及过程）	第一课时：研究剑术创编的规律及原则 活动一：课堂常规 1.观看剑术表演视频，导入本节课课题——研究剑术创编的规律及原则。 2.分小组，起组名，选组长，强调团结协作。

	活动二：热身
学习活动设计（针对该专题所选择的活动形式及过程）	活动三：各小组长带领复习三段剑术两遍，然后讨论、研究、回答问题 问题一：三段剑术包括哪些主要剑法、基本的步型以及平衡、跳跃动作。小组讨论，填写问卷表，然后向老师汇报讨论结果。 三段剑术的主要剑法、步型以及平衡、跳跃动作问卷填写表 班级：　　　　　　　　小组： 组长：　　　　　　　　组员： （见下表） 问题二：三段剑术有什么特点？ 问题三：创编剑术套路需要攻守平衡吗？ 问题四：剑术创编的规律是什么？

动作名称	主要剑法	步型及平衡、跳跃动作	攻防含义
起　　势			
弓步刺剑			
叉步斩剑			
弓步劈剑			
歇步崩剑			
弓步削剑			
左右挂剑			
叉步压剑			
提膝点剑			
并步刺剑			
弓步挑剑			
歇步劈剑			
上步截腕			
跳步撩剑			
仆步压剑			
提膝刺剑			
弓步抹剑			
收　　势			

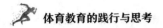

学习活动设计（针对该专题所选择的活动形式及过程）	问题五：剑术创编应遵循哪些原则？ 1. 教师提出问题。 2. 各组讨论、交流，合作解决问题，在限定的时间内给出答案。 3. 小组展示学习结果，师生评价，看哪一组的答案概括得全面、合理，且解决的问题最多。 要求：积极思考，团结协作。 活动四：尝试体验 1. 师生归纳总结剑术创编的规律及原则。 2. 布置课外拓展活动，收回器材，在愉悦的氛围中师生再见。 拓展活动： 1. 每组自编两个动作。 2. 将各组收集的资料、课上视频、学生的感想用 Word 或 PPT 的形式制成简报发布到专题网站。 第二课时：剑术创编组合 活动一：课堂常规 1. 导入：创设"教师节表演剑术组合"情境，导入课题——剑术创编组合。 2. 提出任务及要求。 （1）任务：按上节课的分组，每组创编 6—8 动剑术组合动作。 （2）要求：积极参与，团结协作，遵循剑术创编的规律及原则。 活动二：热身 小组长带领在各自场地进行准备活动。 活动三：合作创编 1. 教师提示分组创编练习的要求。 要求：主动参与、分工明确、团结协作，动作合理、队形新颖、协调连贯。 2. 分组练习，教师巡回指导。 3. 可结合音乐伴奏练习。 活动四：竞赛表演（视频记录），结合评价量规自评、互评、师评 活动五：恢复身心 1. 放松：舞蹈《阳光总在风雨后》。 2. 结合视频回顾所学知识，师生畅谈感受。 3. 布置课外拓展活动，收回器材，在愉悦的氛围中师生再见。 拓展活动： 1. 思考：剑术表演的评价标准是什么？

教学评价	2. 将收集的资料、课上视频、学生的精彩瞬间、感受等用 Word 或 PPT 的形式制成简报发布到专题网站。
	可评价的学习要素：
	1. 资料收集、获取及展示能力评价
	评价方法：评价量规——学生互评＋教师评价
	评价指标：
	（1）能否快速、准确地通过多种电子或非电子渠道搜集和整理有关剑术创编材料，并准确理解创编的原则。
	（2）能否将剑术的创编制成简报，丰富《剑术》主题资源网站，并将有关剑术创编的资料、图片、视频详细整理出来，资源丰富，且包含有价值的反思和总结。
	2. 情感、态度及价值观的评价
	评价方法：评价量规——学生互评＋教师评价
	评价指标：
	（1）上课是否积极认真，能否自觉、主动地参与课堂学习。
	（2）在学习中是否能表现出良好的心理，很自信，敢于克服学习中遇到的各种困难。
	（3）是否能主动配合同伴学习，在学习中关爱并帮助和鼓励学习上有困难的同学；合作意识好。
	3. 创编能力的评价
	评价方法：评价量规——学生互评＋教师评价
	评价指标：
	（1）成套动作是否舒展流畅，且包含基本的步型、剑法、平衡和跳跃动作。
	（2）是否具备较强的创编能力，且实践效果好。

表 2-11 《武术——三段剑术》主题单元设计专题四

专题四	表演、评价
所需课时	1 课时
概述（介绍本专题在整个单元中的作用，以及本专题的主要学习内容、学习活动和学习成果）	
本专题是整个单元中的第四个专题。在这一专题主要是展示学习成果，使学生体验到成功感，学会欣赏与评价。	

61

续表

本专题学习目标（描述该学习所要达到的主要目标）	
◇运动参与：能积极参与到剑术表演中。 ◇运动技能：能够掌握三段剑术及创编剑术的动作。 ◇身体健康：发展柔韧、协调、力量等素质。 ◇心理健康：通过表演能够体验到成功感。 ◇社会适应：懂得武术的礼仪。在练习与表演过程中能够团结协作。	
本专题问题设计	剑术表演的评价标准是什么？
本专题教学重点	能够动作规范地完成表演动作。
本专题教学难点	动作协调一致。
所需教学材料和资源（在此列出学习过程中所需的各种支持资源）	
信息化资源	摄像机、电脑各1台。
常规资源	剑41把，测评表。
教学支撑环境	室内武术馆或篮球馆。
其他	记录用的纸、笔等。
学习活动设计（针对该专题所选择的活动形式及过程）	活动一：课堂常规 1.体委整队集合。 2.师生问好。 3.创设情境：教师节，表演《精忠报国——剑术演练》；导入课题：表演三段剑术和自编剑术。 4.布置见习生。 活动二：激趣热身 1.小组讨论：表演比赛的评价标准。 2.教师总结，归纳。师生共同制定表演比赛的评价标准。 3.各组彩排、演练。 活动三：小组表演 1.各小组抽签决定表演的顺序。 2.依次表演，各组按照评分标准打分（视频记录，且记入成长档案袋）。 3.教师点评。 4.集体演练。 活动四：恢复身心 1.放松。 2.结合视频回顾所学知识，师生畅谈感受。 3.布置课外拓展活动，收回器材，在愉悦的氛围中师生再见。

教学评价	拓展活动： 1.课后收集有关剑术的资料。 2.将收集的资料、课上视频、学生的精彩瞬间、感受等用 Word 或 PPT 的形式制成简报发布到专题网站。 可评价的学习要素： 1.动作技能的评价 评价方法：现场评价 评价指标：（1）套路动作是否规范，剑法是否清楚有力，手眼能否协调配合，套路是否熟练并有节奏感。 （2）同伴间的动作是否协调一致，配合默契。 2.情感、态度及价值观的评价 评价方法：现场评价 评价指标：（1）能否积极的解答、讨论教师提出的问题。 （2）能否认真地学练。 （3）是否具有较强的表现力。

表 2-12 《武术——三段剑术》研究性学习设计

作者姓名	弭贵芳	任职单位	山东省德州市宁津县第一中学
学科	体育	年级	高中二年级
单元标题	武术——三段剑术		
研究性学习名称	如何创编剑术		
小组成员	8人组成一个小组，每班组成 5—6 个小组		
所需时间	2课时		
【学习目标】			

学习了基本的剑法及三段剑术套路，初步具备了剑术的基本知识和技能。为了充分发挥学生的主动性，培养学生的创新精神，使学生的学习过程变成主动构建剑术知识和技能的过程，特设立了该单元的第三个专题——剑术创编。旨在通过探究学习，促进学生的合作与交流，发展学生的思维能力，使学生逐步理解剑术创编的原则和方法，在尝试创编中进一步感受剑术的魅力。

◆能主动参与到剑术组合创编的学练过程中。

◆能够创编 6—8 动剑术组合动作，培养学生合作和创新学习的能力。

◆发展学生的协调、灵敏、力量等素质。

◆在合作、探究、展示中体验到成功感。

◆懂得武术的礼仪。在研究学习过程中能够相互交流，团结协作。

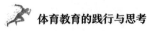
续表

【情境】
先利用多媒体播放各种剑术表演的视频,激发学生的学习兴趣,同时导入本课课题——如何创编剑术组合动作。在分析三段剑术中包括哪些基本的步型、平衡、跳跃动作和剑法及每一动的攻防技击性的基础上引导学生从已有知识入手,理解剑术的创编应包含的内容、特点和基本方法。然后分小组尝试创编剑术组合动作。
【任务与预期成果】
1.了解剑术动作的基本要素及攻防技击性。 2.掌握剑术创编的原则和方法。 3.每组创编一组剑术组合动作,要求:每组动作不少于6动,并符合科学性、针对性、全面性、创新性等原则,还应配以背景音乐,剑术的动作要与音乐的节奏、风格一致。
【过程】(过程要体现研究性学习的主要环节)
第一课时:研究剑术创编的原则及方法 课前:收集剑术创编的资料。 活动一:观看剑术表演视频,导入本节课课题——研究剑术创编的原则及方法;分小组,起组名,选组长,强调团结协作。 活动二:各小组长带领本组创编热身活动,作为表演时出场的形式。 活动三:各小组长带领复习三段剑术两遍,研究下列问题。 活动四:小组竞赛回答问题(可查阅电脑)。 1.三段剑术包括哪些主要剑法、基本的步型以及平衡、跳跃动作。每一动的攻防含义是什么?尝试做出防守动作。(填写问卷调查表)

三段剑术的主要剑法、步型以及平衡、跳跃动作问卷填写表

班级:　　　　　　　　　　　　　　　　小组:

组长:　　　　　　　　　　　　　　　　组员:

动作名称	主要剑法	步型及平衡、跳跃动作	攻防含义	防守动作
起　势				
弓步刺剑				
叉步斩剑				
弓步劈剑				
歇步崩剑				
弓步削剑				
左右挂剑				

动作名称	主要剑法	步型及平衡、跳跃动作	攻防含义	防守动作
叉步压剑				
提膝点剑				
并步刺剑				
弓步挑剑				
歇步劈剑				
上步截腕				
跳步撩剑				
仆步压剑				
提膝刺剑				
弓步抹剑				
收　　势				

2. 三段剑术有什么特点？

3. 剑术创编规律探索？

4. 剑术创编应遵循哪些原则？

教师提出问题，各小组合作解决问题，在限定的时间内给出答案，看哪一组的答案概括得全面、合理，且解决的问题最多。

要求：积极思考，团结协作。

将答案写在研究性学习填写表中，记录成长档案袋。

活动四：师生归纳总结剑术创编的规律及原则；布置课外拓展活动，收回器材，在愉悦的氛围中师生再见。

拓展活动：

1. 每组自编两个动作。

2. 将如何创编剑术组合用 Word 或 PPT 的形式制成简报发布到专题网站。丰富《剑术》资源网站（结合资料、照片、视频、感想）。

第二课时：剑术创编组合

活动一：课堂常规

1. 导入：创设"教师节表演剑术组合"情境，导入课题——剑术创编组合

2. 提出任务及要求。

（1）任务：按上节课的分组，每组创编 6—8 动剑术组合动作。

（2）要求：积极参与，团结协作，遵循剑术创编的规律及原则。

活动二：热身

小组长带领在各自场地进行准备活动。

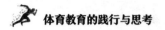

活动三：合作创编

1.教师提示分组创编练习的要求：主动参与、分工明确、团结协作，动作合理、队形新颖、协调连贯。

2.分组练习，教师巡回指导。

3.可结合音乐伴奏练习。

活动四：竞赛表演（视频记录），结合评价量规自评、互评、师评

活动五：恢复身心

1.放松。

2.结合视频回顾所学知识，师生畅谈感受。

3.布置课外拓展活动，收回器材，在愉悦的氛围中师生再见。

拓展活动：

1.课后收集有关剑术的资料。

2.将收集的资料、课上视频、学生的精彩瞬间、感受等用 Word 或 PPT 的形式制成简报发布到专题网站。

【评价设计】

可评价的学习要素：

1.资料收集、获取及展示能力评价

评价方法：评价量规——学生互评＋教师评价。

评价指标：

（1）能否快速、准确地通过多种电子或非电子渠道搜集和整理有关剑术创编材料，并准确地理解。

（2）能否将剑术的创编制成简报，丰富《剑术》主题资源网站，并将有关剑术创编的资料、图片、视频详细整理出来，资源丰富，且包含有价值的反思和总结。

2.情感、态度及价值观的评价

评价方法：评价量规——学生互评＋教师评价。

评价指标：

（1）上课是否积极认真，能否自觉、主动地参与课堂学习。

（2）在学习中是否能表现出良好的心理，很自信，敢于克服学习中遇到的各种困难。

（3）是否能主动配合同伴学习，在学习中关爱并帮助和鼓励学习上有困难的同学；合作意识好。

3.创编能力评价

评价方法：评价量规——学生互评＋教师评价。

评价指标：

（1）成套动作是否舒展流畅，且包含有基本的步型、剑法、平衡和跳跃动作。

（2）是否具备较强的创编能力，且实践效果好。

续表

【资源列表】
1. 关于武术攻防技击性的资料和剑术进攻技术和防守技术的资料。
◆中小学体育知识文库——中华武术（下）：http://www.doc88.com/p-65823940635.html
◆浅析武术技击中的攻防：http://www.doc88.com/p-794227834722.html
◆论武术套路的编排特点：http://www.doc88.com/p-670405237162.html
◆武术表演组织与编排的技巧研究：
http://wenku.baidu.com/view/58cd9f649b6648d7c7461b.html
2. 关于剑术学习的调查问卷表和学生的学习记录档案。
3. 摄像记录学生的学练过程。
4. 网络搜索引擎：百度、谷歌；学校网络平台。

表2-13　《武术——三段剑术》研究性学习主题单元评价量规

评价指标 （权重）		评价指标描述			评价得分			
		优秀 [1,0.8]	合格 (0.8,0.6]	需努力 (0.6,0]	自评	互评	师评	总分
过程性评定 （40分）	资料收集获取能力 （10分）	能快速、准确地通过多种电子或非电子渠道搜集和整理有关剑术创编材料，并准确理解。	具备一定的搜集整理材料的能力，能较为准确地理解。	搜集和整理材料的能力有明显不足，不能准确地理解。				
	学习态度 （10分）	上课积极认真，能自觉、主动地参与课堂学习。	上课比较积极认真，能比较自觉、主动地参与课堂学习。	随意性比较大，不积极认真上课，课堂学习也不够自觉主动。				
	情意表现 （10分）	在学习中表现出良好的心理，很自信，敢于克服学习中遇到的各种困难。	在学习中有较好的心理表现，比较自信，并能克服一定的困难。	在学习中不太自信，个性比较突出，克服困难的意志品质有待提高。				

评价指标 （权重）	评价指标描述			评价得分			
	优秀 [1,0.8]	合格 (0.8,0.6]	需努力 (0.6,0]	自评	互评	师评	总分
过程性 评定 （40分）	合作精神 （10分） 能主动配合同伴学习，在学习中关爱并帮助和鼓励学习上有困难的同学；合作意识好。	能比较主动地配合同伴学习，在学习中对学习上有困难的同学的关爱和帮助不是很主动；合作意识有待于进一步提高。	不配合同伴学习，和同学的关系比较紧张；容易和同伴发生矛盾，遇到问题指责、埋怨同伴。				
结果性 评定 （60分）	完成动作 情况 （20分） 成套动作舒展、流畅，剑法清楚，包含基本的步型、剑法、平衡和跳跃动作。	成套动作比较规范流畅，包含基本的步型、剑法、平衡和跳跃动作。	在教师的提示下完成任务。				
	创编实践 能力 （20分） 创编能力强，实践效果好。	有创编能力，实践效果较好。	能创编，效果一般。				
	成果展示 （20分） 能将剑术的创编制成简报，丰富《剑术》主题资源网站，能将有关剑术创编的资料、图片、视频详细整理出来，资源丰富，且包含有价值的反思和总结。	制作剑术创编简报，能够将有关剑术创编的资料整理出来，资源比较丰富，含有反思和总结。	制作剑术创编简报，资源内容少，没有反思和总结。				
评语	自评						
	组评						
	师评						

注：满分100分　总分 = 自评总分×25% + 互评总分×25% + 教师评分×50%

　　"["表示小于或等于；"]"表示大于或等于，"（"表示小于。

表 2-14 《武术——三段剑术》主题单元动作技术学习评价量规

评价指标 （权重）		评价指标描述			评价得分			
		优秀 [1,0.8]	合格 (0.8,0.6]	需努力 (0.6,0]	自评	互评	师评	总分
动作姿态 （5分）		头正、颈直、沉肩、挺胸、塌腰、收腹。上肢动作舒展挺拔，下肢动作稳定。	头正、颈直、沉肩、挺胸、塌腰、收腹。	姿态不正确。有耸肩、含胸、弓腰，挺小腹等动作。				
三段剑术整体评定 （10分）		动作规范，剑法清楚有力，左手动作配合协调，眼神配合自然、有精神，套路熟练并有节奏感。	动作比较规范，剑法比较清楚，左手动作配合较协调，有眼神配合，套路熟练。	动作不太协调，大部分剑法不清楚，不能独立完成套路。				
三段剑术单个动作评定 （85分）	1. 起势 （2分）	两臂屈肘微上提与向左转头动作快捷；动作准确、到位且协调连贯。	动作准确，但不十分连贯和到位。	动作不准确，缺乏连贯、协调和到位。				
	2. 弓步刺剑 （5分）	动作准确、弓步到位；向左拧腰、右臂前顺、左臂后展三动作协调一致，力达剑尖。	动作准确，但不十分协调和到位。	动作不准确，缺乏连贯、协调和到位。				
	3. 叉步斩剑 （5分）	动作准确、叉步到位；上步、转体与平斩能协调一致、力达剑身，且腰向右拧转，剑、臂成一直线。	动作准确，但不十分协调和到位。	动作不准确，缺乏连贯、协调和到位。				

评价指标（权重）		评价指标描述			评价得分			
		优秀 [1,0.8]	合格 (0.8,0.6]	需努力 (0.6,0]	自评	互评	师评	总分
三段剑术单个动作评定（85分）	4.弓步劈剑（5分）	动作准确、弓步到位；劈剑与剑指能协调配合、同时到位，力达剑身。	动作准确，但不十分协调和到位。	动作不准确，缺乏连贯、协调和到位。				
	5.歇步崩剑（5分）	动作准确、歇步到位；右脚后插成歇步与下落撩、崩剑动作能协调连贯，力达剑尖。	动作准确，但不十分协调和到位。	动作不准确，缺乏连贯、协调和到位。				
	6.弓步削剑（5分）	动作准确，弓步到位；转体削剑连贯快速，且力达剑刃前端。	动作准确，但不十分协调和到位。	动作不准确，缺乏连贯、协调和到位。				
	7.左右挂剑（5分）	路线正确；左右挂剑时动作连贯、圆活，剑走立圆，力达剑身前部。	动作准确，但不十分协调和到位。	动作不准确，缺乏连贯、协调和到位。				
	8.叉步压剑（5分）	动作正确，叉步到位；叉步与剑的下压能同时完成，腰向左拧转。	动作准确，但不十分协调和到位。	动作不准确，缺乏连贯、协调和到位。				
	9.提膝点剑（5分）	动作准确，路线正确；转身下点快捷、连贯，力达剑尖；左膝尽量上提，上体稍右倾。	动作准确，但不十分协调和到位。	动作不准确，缺乏连贯、协调和到位。				

评价指标 （权重）		评价指标描述			评价得分			
		优秀 [1,0.8]	合格 (0.8,0.6]	需努力 (0.6,0]	自评	互评	师评	总分
三段剑术单个动作评定（85分）	10.并步刺剑（5分）	动作正确；并步半蹲时挺胸、立腰、敛臀；刺剑力达剑尖。	动作准确，但不十分协调和到位。	动作不准确，缺乏连贯、协调和到位。				
	11.弓步挑剑（5分）	路线正确，弓步到位；腰微向右拧，左肩前顺，右臂贴近耳侧；挑剑力达剑尖。	动作准确，但不十分协调和到位。	动作不准确，缺乏连贯、协调和到位。				
	12.歇步劈剑（5分）	动作正确；歇步两腿能盘紧，下劈时腰向左拧转，力达剑身。	动作准确，但不十分协调和到位。	动作不准确，缺乏连贯、协调和到位。				
	13.上步截腕（5分）	动作正确；上步敏捷，身械配合协调，截腕剑所划弧度适宜。	动作准确，但不十分协调和到位。	动作不准确，缺乏连贯、协调和到位。				
	14.跳步撩剑（5分）	上步、跳步与撩剑连贯；右脚支撑站立时五趾抓地，膝关节伸直。望月平衡时上体侧倾，挺胸塌腰，向左拧转，左小腿屈收，脚面绷平，脚底向上。	动作准确，但不十分协调和到位。	动作不准确，缺乏连贯、协调和到位。				

评价指标 （权重）		评价指标描述			评价得分			
		优秀 [1,0.8]	合格 (0.8,0.6]	需努力 (0.6,0]	自评	互评	师评	总分
三段剑术单个动作评定（85分）	15.仆步压剑（5分）	动作正确，仆步到位；立剑绕环灵活轻快，回带下压剑有沉劲，力达剑身。	动作准确，但不十分协调和到位。	动作不准确，缺乏连贯、协调和到位。				
	16.提膝刺剑（5分）	右腿独立能挺膝站稳，左膝尽量上提，脚背绷直，脚尖下垂且提膝动作干净利落；刺剑力达剑尖。	动作准确，但不十分协调和到位。	动作不准确，缺乏连贯、协调和到位。				
	17.弓步抹剑（5分）	动作正确，弓步到位；平抹剑时，手腕用力柔和，力达剑身。	动作准确，但不十分协调和到位。	动作不准确，缺乏连贯、协调和到位。				
	18.收势（3分）	重心左右移动时快速连贯，换接剑灵活。	动作准确，但重心左右移动缓慢，且不十分协调和到位。	动作不准确，缺乏连贯、协调和到位。				
自评评语								
互评评语								

注：满分100分　总分＝自评总分×25%＋互评总分×25%＋教师评分×50%

表 2-15 《武术——三段剑术》主题单元教学实施方案

主题单元名称	武术——三段剑术		
作者姓名	羿贵芳	学科	体育
学生年级	高中二年级	学生人数	40 人

专题 1：剑术的基本方法（1 课时）			
进度	规划项目	具体内容	
实施前	确定教学环境	做好在"室内武术馆"上课的各项准备：场地合理布置；检查电源、电脑。	
	知识技能要求	运动参与：能主动参与到武术基本动作及基本剑法的学练过程中。 运动技能：掌握武术基本动作及基本剑法的动作技术，做到动作到位、协调、连贯、有力。 身体健康：发展柔韧、协调等素质。 心理健康：通过小组展示体验到成功感。 社会适应：懂得武术的礼仪。在学习技能、收集资料、互教互学的过程中能相互交流、团结协作。	
	准备教学资源	1. 剑 41 把，摄像机 1 台，电脑 1 台。 2. 各小组收集资料： 抱拳礼的含义。（一组） 武术的基本手型。（二组） 武术的基本步法。（三组） 剑术的基本方法。（四组）	
	需考虑的问题	1. 提醒学生注意身体姿态：头正、颈直、挺胸、塌腰、收腹。 2. 剑术学习，提醒学生注意间隔距离，注意安全。 3. 在学习的过程中，有的同学可能动作做不到位。注意：语言激励，看谁做得到位；强调动作要领；引导学生体会正确动作。 4. 注意引导学生互相帮助，互相纠错，提高学习效率。	
实施中	情境导入	1. 整队集合成四列横队，体育委员整队并向教师报告人数。 2. 师生问好。 3. 观看武术视频，导入本课内容。教师同学生讨论武德的内容及在现代社会如何传承和发扬；并分析现实武术与电影、电视里所体现的区别，引导学生理解要练好武术首先要练好基本功。	

进度	规划项目	具体内容
实施中	激趣热身	1.教师讲解游戏"点穴位"的方法与规则。 方法：两人一组，对面站好。教师发令后，两人互相用剑指点对方后背，当教师喊停的时候看谁点到的次数多。 规则： （1）用剑指点，不允许抓或搂抱对方。 （2）在规定的范围内进行，不许跑出界外。 （3）听老师口令，实事求是报告点到对方的次数。 组织：两人一组，在指定场地游戏。 教法：教师口令指挥，语言激励。 2.师生共同游戏。 3.教师总结游戏中学生的表现。
	合作学习	1.教师语言导入。 导入：课前老师让同学们搜集了有关《武术——剑术》的资料，现在我们每个组将各自的所学成果和大家分享一下。 2.各小组交流、展示所学成果。 抱拳礼的含义。（一组） 武术的基本手型。（二组） 武术的基本步法。（三组） 剑术的基本方法。（四组） 教法：（1）对各组的表现及时评价。（以鼓励为主） （2）针对学生存在的错误动作，通过示范对比的方式予以纠正，引导学生树立正确的动作概念。 （3）教师适时精讲要点，加深学生对正确动作的理解。 学法：（1）积极参与展示。 （2）仔细观察，用心聆听，认真思考。 3.分组练习，教师巡回指导。 学生易犯的错误和纠正方法： （1）弓步后腿屈膝、后跟拔跟。纠正方法：强调挺膝后蹬、脚跟蹬地。 （2）虚步虚实不清。纠正方法：等支撑腿下蹲后，前脚尖再着地。 （3）剑法无力。纠正方法：强调腰部发力及力达部位（剑尖、剑身等）。

进度	规划项目	具体内容
实施中	合作学习	4.分组竞赛（视频记录）。 （1）教师讲解竞赛的评价方法。 （2）学生积极参与，认真练习。 （3）评价（自评、互评、师评）。 5.集体练习。
	恢复身心	1.太极拳放松。 2.总结与评价。 3.宣布课后练习。 4.回收器材。
实施后	课后作业	1.各组利用今天所学的武术基本步法与带有剑鞘的剑结合，自编1节剑术操。 2.将各组收集的资料、课上视频、学生的感想用 Word 或 PPT 的形式制成简报发布到专题网站。
	成果评价	1.动作技能的评价 评价方法：现场评价。 评价指标：动作是否准确、到位、协调、有力，路线是否清晰。 2.情感、态度及价值观的评价 评价方法：现场评价。 评价指标： （1）学生对参加活动是否积极。 （2）在学习中是否敢于克服遇到的各种困难。 （3）在活动中能相互交流和合作，体现小组合作精神。 3.资料收集与处理的能力 评价方法：评价量规。 评价指标： （1）能否快速、准确地通过多种电子或非电子渠道搜集和整理有关资料。 （2）能将收集的资料、图片、视频详细整理出来，制成简报，丰富《剑术》主题资源网站。
	布置任务	搜集关于"武术攻防技击性"的资料。

<table>
<tr><td colspan="3" align="center">专题 2：三段剑术套路（4 课时）</td></tr>
<tr><td align="center">进度</td><td align="center">规划项目</td><td align="center">具体内容</td></tr>
<tr><td rowspan="6" align="center">实施前</td><td align="center">教学环境</td><td>做好在"室内武术馆"上课的各项准备：检查电源、电脑；武术馆内设计一半径为 10 米左右的圆形场地，每组 10 把剑，平放在圆外各组的指定区域内。</td></tr>
<tr><td align="center">知识技能
要求</td><td>运动参与：能主动参与到三段剑术套路的学练过程中。
运动技能：掌握三段剑术的动作方法，做到动作到位、协调连贯有力。
身体健康：发展柔韧、协调、力量等素质。
心理健康：通过小组展示能够体验到成功感。
社会适应：懂得武术的礼仪。在学习技能、互教互学的过程中能够相互交流，团结协作。</td></tr>
<tr><td align="center">准备教学
资源</td><td>1. 剑 41 把，摄像机 1 台，电脑 1 台。
2. 各小组搜集"武术攻防技击性"的有关资料。
3. 单元评价量规表格。</td></tr>
<tr><td align="center">落实前需
技能</td><td>掌握了武术的基本动作和剑术的基本方法。
了解了武术的攻防技击性。</td></tr>
<tr><td align="center">需考虑的
问题</td><td>1. 提醒学生注意身体姿态：头正、颈直、挺胸、塌腰、收腹。
2. 剑术学习，提醒学生注意间隔距离，注意安全。
3. 提醒学生将剑鞘合理摆放。
4. 关注动作掌握不是很好的同学，及时地鼓励和帮助。
5. 注意引导学生互相帮助，互相纠正错误动作，提高学习效率。
6. 提醒学生注意动作的路线和到位。熟练之后做到协调、连贯、有力。</td></tr>
<tr><td rowspan="2" align="center">实施中</td><td align="center">创设情境</td><td>1. 整队集合成四列横队（体育委员整队并向教师报告人数）。
2. 师生问好。
3. 观看剑术视频，导入本课内容。
4. 分小组，起组名，强调团结协作和小组长的职责。</td></tr>
<tr><td align="center">激趣热身</td><td>1. 听音乐，持剑成"圆形阵"慢跑。
教法：教师讲解跑的路线和方法。</td></tr>
</table>

进度	规划项目	具体内容
实施中	激趣热身	成一路纵队慢跑围成一个圆，在行进中到各自的场地拿剑，然后听音乐持剑跟随老师做动作。 学法：学生认真听讲，积极参与。 2.各小组自主创编游戏。 ——让学生充分发挥自己的想象力和创造力，设计并进行自己喜欢的游戏。 组织与教法： （1）小组长带领本组成员到各自场地进行游戏练习。 （2）教师巡回指导，并参与学生游戏。 要求：利用带有剑鞘的剑设计游戏或发展体能的练习。 提醒：（1）爱护器材。（2）注意安全。 3.教师对学生在游戏中的表现给予评价。
	尝试体验	1.教师完整动作示范。 通过优美的示范，激发学生"我要学"的欲望。 组织：学生成扇形站立，认真观察教师示范。 2.分组尝试练习。 组织：小组长带领本组成员到各自场地，结合挂图和贴在剑鞘上的剑术口诀进行尝试性练习。（限时） 教法：（1）分配场地。 （2）语言激励、鼓励学生：看哪组在限定的时间内能更好地掌握动作。 （3）教师观察并摄像记录学生的表现及动作的掌握情况。 提醒：注意安全。
	探究学习	（记录成长档案袋） 1.想一想：在学习的过程中，你遇到了哪些困难？ ——引导学生自己发现问题，激发学生学习欲望。 组织与教法： （1）让各组讨论，小组长总结。 （2）各组代表发言提出问题。 2.找一找：看哪组发现的问题最多。 ——小组竞赛的方式调动了学生的积极性；让学生寻找"练习套路动作时还存在哪些问题"，有利于学生在观察思考中明确正确的动作概念。

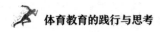

进度	规划项目	具体内容
实施中	探究学习	组织与教法：播放学生练习时的视频，让各小组以竞赛的方式来找一找"练习过程中还存在那些问题"。 3. 比一比：看哪组解决的问题多？ ——鼓励学生积极动脑，使学生初步掌握正确的技术动作。 组织与教法： （1）针对各组提出的问题，启发学生思考并解决问题。 （2）教师适当地精讲点拨指导。 预设可能出现的问题有：动作路线不清楚；左手配合不协调；动作不到位等。通过帮助各组解决问题，有利于学生掌握正确的技术动作。 4. 练一练：巩固练习，在练习中思考：每一动剑术的攻防技击性。 ——给学生自主的时间和空间，让学生带着问题去练习，在练习中思考，在思考中领悟。 提醒：练习中注意安全。 5. 说一说：请说出每一动剑术的攻防技击性。 ——引导学生理解动作的内涵及劲力。 组织与教法： （1）分组讨论，填写三段剑术攻防技击性表格。 （2）小组竞赛，看哪一组对三段剑术中动作的攻防技击性分析正确率高。 6. 看一看：你们的动作和老师的动作有没有不同？区别在哪？ ——引导学生理解动作的"精气神"。 7. 说一说：怎样使你的剑术动作协调、连贯、到位，体现武术的精、气、神？ ——在理解"精气神"的基础上，进一步使学生掌握练习的方法。 组织与教法：教师提出问题，启发引导。 学生仔细观察，积极动脑。
	创编表演	1. 巩固练习，已掌握好动作的小组可创编队形。 2. 竞赛表演（视频记录），结合评价量规自评、互评、师评。表演后将剑放回到各自场地。

续表

进度	规划项目	具体内容
实施中	恢复身心	1. 放松。 组织：学生四列横队。伴随音乐《阳光总在风雨后》跟随教师进行舞蹈放松。 教法： （1）教师语言激励，使学生情感得以升华。 （2）教师领做，学生模仿练习。 要求：身心放松。 2. 结合视频回顾所学知识，师生畅谈感受，总结评价。 3. 布置课外拓展活动，收回器材，在愉悦的氛围中师生再见。
实施后	课后作业	1. 总结每一动动作的防守动作。 2. 结合收集的资料、课上视频、学生的感想用 Word 或 PPT 的形式制成简报发布到专题网站。
实施后	成果评价	根据评价量规，组织学生对本专题的学习情况进行评价（自评、互评、师评）。
实施后	布置任务	搜集资料并思考：剑术组合创编的原则。为下一专题《创编剑术组合》做好准备。

专题 3：剑术动作的创编（2 课时）

进度	规划项目	具体内容
实施前	教学环境	做好在"室内武术馆"上课的各项准备：场地合理布置；检查电源、电脑。
实施前	知识技能要求	运动参与：能主动参与到剑术组合创编的学练过程中。 运动技能：能够创编 6—8 动剑术组合动作，培养学生合作和创新学习的能力。 身体健康：发展柔韧、协调、力量等素质。 心理健康：通过小组展示能够体验到成功感。 社会适应：懂得武术的礼仪。在研究学习过程中能够相互交流，团结协作。
实施前	准备教学资源	1. 剑 41 把，摄像机 1 台，电脑 1 台。 2. 各小组搜集"剑术创编"的有关资料。 3. 单元评价量规表格。
实施前	落实前需技能	掌握了武术的基本动作和剑术的基本方法。 了解了剑术创编的一些知识。

续表

进度	规划项目	具体内容
实施前	需考虑的问题	1. 提醒学生注意身体姿态：头正、颈直、挺胸、塌腰、收腹。 2. 剑术练习及创编时，提醒学生注意间隔距离，注意安全。 3. 提醒学生将剑鞘合理摆放。 4. 引导学生合理分工、积极交流讨论，提高学习效率。
实施中	创设情境	1. 整队集合成四列横队，体育委员整队并向教师报告人数。 2. 师生问好。 3. 观看剑术表演视频，导入本节课课题——研究剑术创编的规律及原则。
	激趣热身	小组长带领创编准备活动。 要求： （1）充分热身，且活动好各个关节。 （2）注意安全。
	合作探究	比一比：小组竞赛，看哪一组总结得全面，解决问题多（记录学习成长档案袋）。 问题一：三段剑术包括哪些基本的步型、平衡、跳跃动作和剑法及每一动的攻防技击性。 ——引导学生理解剑术的创编要包含基本的步型和剑法，并要具备攻防技击性。 问题二：三段剑术有什么特点？ ——使学生在讨论中明白剑术应剑法清楚，呈现轻快敏捷、灵活多变、潇洒飘逸、姿势优美等运动特点。 问题三：创编剑术需要攻守平衡吗？ ——深入理解剑术创编的内涵。 问题四：剑术创编规律？ ——在思考、讨论中明确上下肢动作的变化是构成剑术的动作要素。 问题五：剑术的创编原则？ ——在交流、探索中总结，剑术的创编应遵循科学性、针对性、全面性、创新性等原则。 组织与教法： 1. 教师提出问题。 2. 各组讨论、交流，合作解决问题，在限定的时间内给出答案。

进度	规划项目	具体内容
实施中	合作探究	3. 小组展示学习结果，师生评价，看哪一组的答案概括得全面、合理，且解决的问题最多。 4. 师生共同总结剑术创编的规律及原则。 要求：积极思考，团结协作，注意安全。
	尝试创编	1. 教师提示分组创编练习的要求。 要求：主动参与、分工明确、团结协作，动作合理、队形新颖、协调连贯。可结合音乐伴奏练习。 2. 分组尝试创编，教师巡回指导。
	竞赛表演	竞赛表演（视频记录），结合评价量规自评、互评、师评。
	恢复身心	1. 放松。 2. 总结：结合视频回顾所学知识，师生畅谈感受，总结评价。 3. 布置课外拓展活动，收回器材，在愉悦的氛围中师生再见。
	拓展活动	将剑术创编的内容制作简报，丰富《剑术》资源网站（结合资料、照片、视频、反思、总结）。
实施后	课后作业	1. 熟练掌握创编的剑术组合动作。 2. 结合收集的资料、课上视频、学生的感想用 Word 或 PPT 的形式制成简报发布到专题网站。
	成果评价	根据评价量规，组织学生对本专题的学习情况进行评价（自评、互评、师评）。
	布置任务	搜集资料并思考：剑术表演的评价标准应该考虑哪些内容？为下一专题《剑术表演》做好准备。

专题 4：表演、评价（1 课时）

进度	规划项目	具体内容
实施前	教学环境	做好在"室内武术馆"上课的各项准备：场地合理布置；检查电源、电脑。
	知识技能要求	运动参与：能积极参与到剑术表演中。 运动技能：能够掌握三段剑术及创编剑术的动作。 身体健康：发展柔韧、协调、力量等素质。 心理健康：通过表演能够体验到成功感。 社会适应：懂得武术的礼仪。在练习与表演过程中能够团结协作。

续表

进度	规划项目	具体内容
实施前	准备教学资源	1. 剑 41 把，摄像机 1 台，电脑 1 台。 2. 单元评价量规表格。
	落实前需技能	掌握了三段剑术和创编的剑术组合动作。 收集了剑术表演的评价内容指标。
	需考虑的问题	1. 提醒学生注意身体姿态：头正、颈直、挺胸、塌腰、收腹。 2. 剑术学习，提醒学生注意间隔距离，注意安全。 3. 提醒学生注意要协调配合，具有表现力。
实施中	创设情境	1. 课堂常规。 2. 创设情境，导入课题。 情境：教师节，表演《精忠报国——剑术演练》。 演练内容：三段剑术和自编剑术。
	热身	小组长带领做准备活动。 要求：（1）充分热身，且活动好各个关节。 （2）注意安全。
	明确标准	1. 小组讨论：表演比赛的评价标准。 2. 教师总结，归纳。师生共同制定表演比赛的评价标准。
	表演比赛	1. 各小组抽签决定表演的顺序。 2. 依次表演，各组按照评分标准打分（视频记录，且记入成长档案袋）。 3. 教师点评。
	巩固练习	教师带领一同练习。（伴随音乐）
	恢复身心	1. 放松。 2. 总结：结合视频回顾所学知识，师生畅谈感受，总结评价。 3. 布置课外拓展活动，收回器材，在愉悦的氛围中师生再见。
	拓展活动	将剑术表演的内容制作简报，丰富《剑术》资源网站（结合资料、照片、视频、反思、总结）。
实施后	课后作业	1. 整理剑术单元的资料。 2. 结合收集的资料、课上视频、学生的感想用 Word 或 PPT 的形式制成简报发布到专题网站。

进度	规划项目	具体内容
实施后	成果评价	根据评价量规，组织学生对本专题的学习情况进行评价（自评、互评、师评）。
	布置任务	就以下问题谈一下自己的感想。 1. 你的剑术主题打算整合哪些内容？ 2. 在这一单元中你有哪些收获？ 3. 你认为在这一单元中你及你团队的表现如何？还存在哪些问题？你打算今后如何改进？（举例说明）

更新教育理念 谋求专业发展

教育工作繁杂而影响深远，是国之大计，又因为其面对的是形形色色、个性不一的人，所以其具有长期性和往复性，工作特点鲜明，工作内容繁杂。对于一名教师而言，教育理念的更新和转变至关重要，它是教育改革和教育现代化的先导和动力。在社会飞速发展的当下，教师势必要不断学习，更新教育理念，转变教育思想，由此，才能在优秀教育理念的指引下，做好各项教育教学工作，才能跟得上时代进步的步伐，才能保持作为教育工作者的敏感度和专业度，取得更好的职业成长和教育成就。

事实上，教育理念的更新，是一项长期而艰辛的系统过程，教师必须时刻保持敏锐，通过各种机会学习新理念，践行新理念，并要在实际的教育教学过程中，能够结合学生情况和教育反馈，做好教育方式、教学方法的改变与调整，以此反复，贯彻理念。

培训，是教师教育理念更新、专业技能提升的重要有力途径。2014年5月和2019年11月，我分别参加了"国培计划（2014）——体育美育骨干教师培训项目"和"国培计划（2019）——体育美育教研员培训项目"的培训，并在2019举行的培训中担任班长。通过这两次培训，我学习到了最新的教育理念知识，解答了自己在教育教学过程中的疑惑，突破了困扰自己的教育瓶颈。两次培训的安排均紧张有序，诸多名师大家为学员传授最新的教育理念，讲述引人深思的教育故事，不少教育同行精心备课，认真授课，同行之间互相交流，不断探讨，积极思索教育教学改进方法，交流教育教学经验，彼此之间答疑解惑，收获良多。

践行"快乐课堂" 体验"教学之乐"

教学之乐正是从教学实践中来，从教师不断的学习感悟中来。"快乐教育"的践行和"快乐课堂"的打造，是不少教师执着的追求。

在 2014 年 5 月举行的国培计划中，潘雪峰老师关于《挺身式跳远：空中挺身动作》的授课，是我印象最为深刻的一次"快乐教育"。潘老师的课堂特色鲜明、幽默风趣，其教学设计极大程度地调动了学生的兴趣，并搭建了让学生体验成功的平台，强调协同互助的合作方式，让学生在课堂上拥有充分的体验感、获得感和成就感，认真践行了其一直强调的"快乐的体育课堂"理念。

这堂课令我思绪良多，让我更加深入地思索了"教"与"学"之间的关系。在我看来，在教学过程中，如何做好学生学习的引导者至关重要，只有正确处理课堂关系，真正引发学生关注和调动学生自主思维，良好的教学关系才得以产生，教学成果才会凸显，而作为教师本人，才能真真正正地享受到"教学之乐"，体会到身为人师的喜悦感和幸福感。

感受"快乐体育"的魅力
——观摩《挺身式跳远：空中挺身动作》有感

国培期间，我在福建师大附中观摩了江苏省南通中学潘雪峰老师的一节田径课《挺身式跳远：空中挺身动作》。潘雪峰老师曾经以两节田径课《快速启动》和《匀速跑》作为新课改远程培训教学案例供山东省体育教师学习，那两节体育课给我的印象很深，使我真实地感受到田径课原来也可以上得生动、有趣。这次国培潘雪峰老师又为我们提供了一节以"快乐的体育课堂"为教学追求的《挺身式跳远：空中挺身动作》。学生们爽朗的笑声和欢乐的笑容吸引着我、感染着我，让我感觉到学生对课堂的喜爱，也让我禁不住思考：潘老师如何将一节内容较为枯燥的田径课开发成了"快乐的体育课堂"？

一、阳光教师，激情传递快乐

教师的真正本领，不仅仅在于会传授知识，更多的在于激发学生的学习动机，唤起学生的求知欲望，让他们兴趣盎然地参与到教学过程中来。

潘老师在课堂上一直努力营造和谐、愉悦、充满求知欲的课堂教学氛围。

纵观整堂课，潘老师充满活力、充满阳光、充满激情，始终保持最佳的精神状态，始终亲切自然，并以愉悦、抑扬顿挫的语调感染学生的情绪，唤起他们的兴趣，调动他们的积极性。印象最深的是在基本部分，在口令指挥学生原地踏步加摆腿练习时，为了使学生体会到"踏"的感觉，潘老师边语言提醒，边快速踏脚，且握紧拳头屈臂用力上带。这样，借助于肢体语言，再配合短促有力的声音提醒，很快就帮助学生找到了踏跳的感觉。正是教师的这种激情和形神并茂的讲解、示范，潜移默化地影响着学生，使学生在快乐的感召下学练技能。

二、方法多样，兴趣激发快乐

伟大的科学家爱因斯坦说过："兴趣是最好的老师。"一个人一旦对某事物产生了浓厚的兴趣，就会主动去求知、去探索、去实践，并在求知、探索、实践中产生愉快的情绪和体验，就能充分发挥学生的主动性、积极性，提高教学质量。如何激发学生的学习兴趣呢？潘老师在准备活动部分的多样设计就给了我很多的启示。

1. 改编游戏，快乐热身

在准备活动部分，潘老师充分利用足球场地的边线，改编了"石头、剪刀、布"的游戏——一条代表"赢"的线，一条代表"输"的线。学生随机两人一组"石头、剪刀、布"，赢的同学在"赢"线上，输的同学跑到输线上，以此类推。传统的"石头、剪刀、布"游戏"输赢不确定，双方都高兴"，而改变后的"石头、剪刀、布"，将传统游戏与跑步热身相结合，巧妙的是"人员不固定、输赢不确定、谁跑不一定"，在充分热身的同时，增加了学生的快乐指数。

2. 精选动作，趣味活动

因为本节课主要是下肢运动，潘老师在带领学生活动上肢的同时，着重进行了下肢关节的活动，并且在活动中加入了"屈膝下蹲—转身挺身跳"的动作。这一设计非常巧妙，因为如果仅是"屈膝下蹲—挺身跳"，学生应该很容易做出挺身的动作，而加上转身，难度就增加了，但这也正符合学生乐于挑战的心理特征。只见学生们大胆尝试、互相对比、积极练习，在"体验—挑战—完成"中享受着活动的喜悦。

三、精心设计，成功体验快乐

成功感会增强学生的自信心，带给学生愉快的心理体验，调动学生的学习热情和积极性。但是体育学习中的成功，很大程度上和先天身体素质有关，在传统教学中，很多的学生会在学习过程中反复遭遇失败。然而潘雪峰老师精心设计，努力为学生创造了各种体验成功的机会和条件。

1. 由易到难，铺设成功的阶梯

踏步是每一名学生都会的，潘老师从简单的动作开始，通过示范、口令指挥，进行了原地踏步摆臂练习—原地踏步摆臂摆腿练习—行进间摆臂摆腿练习。这样自然过渡，使学生不知不觉地掌握了助跑、踏跳及后摆腿的动作，体验到成功感。

2. 化难为易，搭建成功的平台

怎样解决本节课的重点——"空中挺身动作"呢？潘老师在安排了"集体徒手练习送髋挺身"动作之后，又安排了"分小组高处挺身跳下"的练习。潘老师利用了场地上现有的"器械"——台阶，让学生在高处挺身跳下，完成空中挺身动作。变换的练习方式极大地调动了学生的练习兴趣。（尽管台阶的局限性影响了学生的动作掌握，但个人认为思路很好！）

3. 学以致用，检验学习的成果

为了检验学生的学习成果，在学练完空中挺身动作之后，潘老师设计了近距离助跑采用"空中挺身动作"跳过皮筋的练习。"快乐源于实践"，面对跳远过障碍，学生们表现出了极大的兴趣。

四、注重合作，协同成就快乐

在本节课中，多次出现了两人小组合作学习的场面，在技术学习阶段的练习与观察、体能阶段的两人合作、放松阶段的相互配合，使得每个学生都能够积极参与活动，每个学生在活动中都能够感受自己的价值，都能够体验到学习的快乐。

1. 双人游戏，全面发展

本节课主要锻炼的是下肢力量，为了促进学生的上下肢全面发展，潘老师安排了锻炼上肢的补偿性练习——游戏"炸油条"。方法是一人挺髋成桥形，一人爬行桥下钻。这个游戏既锻炼了上肢力量，又巩固了本节课的挺髋动作，促进了两人之间的认真配合，使学生玩得开心、练得愉快，一举多得。

2. 双人拉伸、合作放松

潘老师将双人瑜伽的动作引入放松环节。两人的拉伸增加了难度，还需要密切配合。正因为如此，面对困难，两人更需一起努力，尽力完成。当然，合作成功后的快乐更是溢于言表。

在潘老师的设计中，学生为了一个共同目标，相互团结，相互支撑，互勉互助，互通有无，互相讨论，促使小组成员更加有效地学习。

学生各自在活动中占据一个同等重要的位置，担负着同样的任务，最后能体现出同样的价值。在课堂中，合作学习不仅仅是为了学习，更重要的是培养了学生的合作意识，让他们意识到小组中的每一个人都是学习伙伴，都是帮助自己走向成功的协同者。这种良好的社会交往体验，既让学生感受到团队的力量，也能够更加容易地让学生获得成功体验。

五、继续努力，不断完善快乐

回想整节课，潘老师热情开朗、幽默风趣的个人魅力和注重"激发学生兴趣，体验成功与交流"的课堂计真正达到了"快乐体育"的效果。但是正所谓没有一节课是完美的课，感受到潘老师的体育课带给学生快乐的同时，我观察到在检验环节，学生近距离助跑采用"空中挺身动作"跳过皮筋，虽然学生兴趣很高，但"空中挺身动作"完成得不是很好，以致本节课知识与技能方面的目标达成度不够。当然原因可以找到很多，比如异地借班上课、场地器材的限制，但我还是希望能够在技术教学的手段和方法设计层面把快乐学习和技能掌握更好地结合起来，从而让学生在快乐学习的氛围中学有所获，我想这也是潘老师"快乐体育课堂"教学主张的重要追求吧。

（2014年5月，我参加"国培计划（2014）——体育美育骨干教师培训项目"，并获得"优秀学员"称号。该篇文章为我在学习听课期间所写，并于2015年5月在《体育教学》刊物上发表。）

明灯闪耀 向"师"而行

2019年11月，我参加了"国培计划（2019）——体育美育教研员培训项目"，并担任班长。

在每次培训中，我都收获颇丰，感触良多。在此次培训中，我们聆听了诸多名师大家的教导，其中不乏在三尺讲台辛勤耕耘了一辈子的老前辈们，他们心怀教育理想，饱含教育激情，从实际出发，情真意切地讲述传达着关于教育发展和教师进步的点点滴滴，不少教诲令人醍醐灌顶，茅塞顿开！培训结束后，我与学习委员一起总结发言，回顾学习到的种种，也在内心暗暗思忖：一定要将所听所感所思运用到实际教学中，努力向"师"而行，不懈耕耘！

一张车票，一段旅程；一期研修，一次收获；一群学员，一段感情。2019年11月，我们怀着激动的心情从祖国各地相聚于成都体院这座充满魅力的体育殿堂。来到这里，我们都像一粒粒激情饱满的种子，撒播在研修这片肥沃而广阔的土地上，期待吸纳更多的营养，在教育的广阔田野生根、发芽，茁壮成长！

一位合格的教师就是一盏灯，他的光不一定耀眼，但是一定能够长久地照耀着人前进的道路。我们和蔼可亲的班主任周老师就是我们心中那盏最亮的灯，他虽然已经65岁了，却在整个培训的过程中时时刻刻地陪伴着我们，他如父亲般的严峻，严格要求我们每个人的规范行为；如母亲般的细腻，细心照顾我们每个人的思想情绪。在这里请允许我代表2019年体育美育骨干教师培训班的全体成员向您说一声："周老师您辛苦了，谢谢您！"同时，也想对陪伴我们的两位助理班主任小刘和小胥老师说一声："谢谢你们！"

强将手下无弱兵，在班主任周老师的带领下，我们这批来自北京、福建、甘肃等27个省市的50名教研员及骨干教师组建了一个和谐而充满爱的班集体。在破冰活动中，我们组成了六个满怀激情的小组，分别是同心队、行健组合、追梦三组、麻辣烫队、F6队、行健队。我们实行自主管理、自觉学习、相互沟通和研讨，建立学习共同体，增进了友谊。

这十多天来专家的讲话如春风细雨滋润着我们每一粒种子，如琼浆玉液洗涤着我们每个人的思想。让我们的专业学识得到了提升，让我们做好老师的目标更加清晰。

渴了喝水是本能，不渴喝水是本事。蔡福全主任从教学实例入手，引出如何做一个好老师，那就是做名师先做明师。

王纯院长强调了教研员应该多读书，把读书作为一种习惯，把读书变成一种生活状态。

从屈明专家的身上我们不光学到了教学、研究的本领，也深切领悟到"学高为师，身正为范，学无止境"的真谛。

王世伟老师的游戏课充分调动我们的自主性，使我们明确体育游戏的设计应该要细致，不应过于简单化，要让学生整体参与。

江华主任从如何使足球落地，说明校园足球的各项育人功能，体育教师面对的机遇与挑战以及教师自我的发展与创新。

曾爱华教授指出，师德中最重要的是师爱。是爱决定了教师对学生的热爱和对事业的忠诚，决定了教师执着的追求和高尚的人格。

侯乐荣教授知识渊博，有思想、有责任；上课严肃认真、一丝不苟。他强调健康是一种责任，每个人都有维护自身和他人健康的责任。

学识渊博的于素梅教授再一次用一体化教材的研究更新了我们的理念，

解决了体育课教什么、怎么教的迷茫，使我们驾驭课堂能力有的放矢！

未来已来，你来不来！范翔教研员为我们展示了高科技数字信息与体育课堂结合的优质体育健康课堂，让我们耳目一新。智慧体育课将是我们新的学习篇章。

水本无华，相荡乃生涟漪；石本无火，相激以发灵光。这些天来，我们一起学习，一起讨论，一起探究，一起反思，一起收获。

让我们把胸中涌动着的激情化作研训的果实，用火一样的热情去享受研修的"盛宴"，请相信我们这批种子储蓄的能量最强大、开出的花朵最娇艳、释放的激情最持久。

2019 国培体育美育骨干教师即将结束，我们深信此行是收获，更是孕育，体育教育教学的明天一定会更加美好！最后祝周老师和全体学员身体健康、工作开心！

（2019 年 11 月，我参加"国培计划（2019）——体育美育教研员培训项目"，并担任班长，在培训结束时进行总结讲话。）

"眼、耳、手、心"并用　践行体育育人目标

毛泽东同志曾在《新青年》上发表《体育之研究》一文，说："体育一道，配德育与智育，而德智皆寄于体。无体是无德智也。"体育和德育与智育一样重要，体育教育本身也在贯彻执行"立德树人"的根本目标。体育教育不仅能使学生拥有强健的体魄，还能够将德育融于体育教育，促进智育的发展。教师通过体育这个载体，以身作则，可以实现德育、智育的多方面目标。

2019 年，我申报了第二期德州名师建设工程人选。当时，我请同事帮我录课，当她看到我的一张张证书的时候不免夸我几句，随即我们谈起我的论文获奖经历。我告诉她，我的论文一开始获奖项都是二等奖，到后来才终于有了一等奖。一等奖的背后是无数个辛勤探索的积累，我们深知只有不断实践，认真探索，才能有所获得。

这次申报，让我得以再次审视自己的初心和使命，仔细回顾自己 20 年的教育实践与经历，完整地梳理、归纳和阐释了自己的教育教学思想，即要"'眼、耳、手、心'并用　践行体育育人目标"。只有不忘初心、夯实教学才能有所成长，也只有关注课堂，关注教学实际，不断总结，才能将体育教育落到实处，全过程、全方位地做好专业体育教育，在助力学生拥有健康体魄的同时，使他们拥有丰富而健全的人格！

执着——为梦想插上腾飞的翅膀

非常高兴有机会参评第二期德州名师建设工程人选，我借此梳理自己的教育教学思想，回顾自己的成长历程，并再次审视自己的初心和使命。我将从"守望教育 不忘初心""潜心育人 夯实教学""执着追求 收获成长""展望未来 迎接挑战"四个方面进行汇报。

一、守望教育 不忘初心

1999 年，我怀着满腔热忱来到宁津县第一中学任教，当我与学生朝夕相处的时候，他们的体质让我担忧，学生、家长和社会对于体育运动的认知和对体育教师的态度让我产生了不少的困惑。但我深知：体育代表的是汗水、艰辛，是为了梦想奋斗在路上。我也更加深刻地认识到：体育被赋予的使命，从来不仅仅是身体的健康，更是促进学生快乐成长，健全其人格。而体育教师，我们关注的也不仅仅是学生的健康，我们肩负着的是立德树人的使命，是促进学生全面发展的育人的职责。我定不忘教书育人的初心，牢记立德树人的使命，一路耕耘、一路坚守！

二、潜心育人 夯实教学

如何在体育教学中充分发挥体育的多元育人价值和功能，落实立德树人的根本任务，实现体育学科核心素养的培育呢？在教学中，我认为要做到以下几点：脑中有目标、心中有课标、眼中有学生、手中有方法、课堂有质量、组织有兴趣、课后有反思、管理有成效。

1. 脑中有目标

明确教学目标，知道培养什么样的人，解决为什么而教。目标的制定要科学、合理、准确、清晰、实际、可测。

2. 心中有课标

明确体育课程的性质、理念和目标。树立"健康第一"指导思想，培养学生对运动的喜爱，奠定学生终身体育的基础，发展学生体育学科的核心素养：运动能力、健康行为、体育品德，促进学生健康、全面发展。

3. 眼中有学生

以学生发展为本，关注学生的个体差异，注重因材施教、分层教学，使学生体会到体育价值的同时，心情愉悦、增强自信心、获得成功感。

4. 手中有方法

解决好怎么教的问题。把教学内容兴趣化、竞技游戏化、场地器材创新化、合作比赛化，将训练性的教学变为主体性、兴趣性、健身性、技能性、教育性相融合的教学。

5. 课堂有质量

学生能够学有所得，且有一定的运动强度和练习密度。提高学生的锻炼、欣赏、保健、社会适应能力，增加学生的体育活动经验和问题解决的能力。

6. 组织有兴趣

创设教学情境，积极营造民主、和谐、宽松的课堂氛围，注重学生体育学习兴趣的激发与保持，使学生感受到运动的乐趣。

7. 课后有反思

记录自己的得意之处、失误之处，以及学生的问题和建议。

8. 管理有成效

正确处理预设与生成等各种关系，有效运用激励评价，教学思路清晰，张弛有度；队伍调度有方，手势、口令运用得当。

三、执着追求 收获成长

一路走来，有奋斗的艰辛，也有失败的痛苦，但从未想过放弃，因为在成就学生成长的同时，也丰富着我的教育人生。

收获一：打磨课堂 提升教学质量

课堂是教师的主阵地，我珍惜每一次打磨历练的机会。

2007 年、2011 年我先后两次获"德州市教学能手"称号；2012 年 10 月，经过层层评选，在第五届全国中小学体育教学观摩展示活动中获一等奖；2019 年 12 月，在山东省"一师一优课，一课一名师"活动中，我执教的课例获省"优课"；2019 年 12 月，荣获德州市教学成果二等奖。

收获二：阅读反思 提升科研能力

学然后知不足，教然后知困。为了丰富自己的理论知识，提高教育教学水平，我广泛阅读，也反观自己的课堂教学和教学方法，写感悟、钻科研。

2008 年 6 月，论文《健美操对高中女生心理健康影响的调查研究》获省论文一等奖；2011 年，主持课题《开展选项教学对我校学生体育课兴趣的影响》获校级课题一等奖；2012 年 8 月，教学案例"武术——三段剑术"作为优秀案例入选为山东省《教育技术培训教程》（教学人员版中级）课程资源；2013 年 7 月，作为主要参与成员，完成国家体育总局武术研究院课题《"大武术观"的理论根基及宏观发展构想研究》；此外，多篇文章在《中国学校体育》《体育教学》等刊物上发表。

收获三：引领辐射 肩扛使命担当

一花独放不是春，百花齐放春满园。我的成长离不开领导、专家和同人前辈的指导和帮助，我也会把这份温暖和力量传递下去，勇于担当、不辱使命。

2010—2015 年我一直担任山东省暑期培训德州市指导教师工作，2010年、2013 年被评为优秀指导教师；2013 年被聘任为山东省中小学教师新课程远程研修项目课程团队专家；2016 年被聘为德州市首批教学专家团队成员；2019 年 11 月参加了教育部"国培计划（2019）"——体育美育骨干教师培训，担任班长，并获得"优秀学员"称号；我指导的柳凤波老师、徐俊平老师分别获得 2014 年、2018 年德州市优质课一等奖。

四、展望未来 迎接挑战

因梦想而执着，因执着而努力，因努力而收获。2018 年 4 月，我顺利地晋升为高级教师，这也成了我新的起点。申报德州名师，是我教育人生的一次新的航程，尽管我知道这不是一段轻松的旅程，但两岸旖旎的风光和远方绚丽的风景还是令我心驰神往。因为我深知这是一次难得的淬炼机会。

一个人能走多远，看他与谁同行，一个人有多优秀，看他有什么人指点。有梦想的人是有魅力的，坚持奋斗在自己平凡的岗位上兢兢业业工作的人是散发正能量的，执着地坚守初心勇于奉献的人是有情怀的。我愿意与有梦想、坚持奋斗、不忘初心的人为伍，和他们携手同行，共创德州教育美好的明天！

体育教育与德育并重

2020年10月，我参与了德州市举办的全市"名师名班主任人选送课"活动，在其中执教公开课《武术——形神拳》。之所以选择这堂课，是因为武术作为中华民族的传统体育项目，不仅可以强身健体，还饱含尚武崇德的精神，能够培养学生良好的品德，是华夏文明几千年中优秀传统文化的典型代表。我希望通过这堂课，让学生有所感触，了解到中华传统文化魅力，养成勇于克服困难的优良品质，助力弘扬优秀传统文化。

《武术——形神拳》教学设计

一、教材分析

《武术——形神拳》是高中必修选学类，是人教版教材第十一章武术与民族民间传统体育类运动中的内容。武术是中华民族的传统体育项目，将其作为教学内容，目的是弘扬民族文化，发扬尚武崇德的精神。

形神拳是具有长拳风格的拳术套路。特点是动作舒展、衔接自然、刚劲有力。通过学练能够增强学生腿部力量，提高动作速度和身体协调性，培养学生良好的身体姿势，以及勇于克服困难的优良品质，具有较强的健身性、教育性。

本节课是武术模块的第二次课，第一节课已经复习了基本手型和步型，为本节课打好了基础。

二、学情分析

本节课的授课对象是高一学生。

认知特点：这个年龄阶段的学生具有一定的观察力、模仿力、理解力和概括能力。

知识技能：学生武术基础薄弱。

情感态度：集体荣誉感强，好胜心强。

综合学生以上特点，在教学中给学生自主的时间、探索的空间，充分调动学生的积极性、主动性，以使学生更好地掌握知识、提高技能，身心得到全面发展。

三、教学目标

1. 运动能力：80%学生能够做出所学动作；知道动作名称、动作路线及动作规格；提高身体协调能力。

2. 健康行为：遵守纪律、积极思考、主动练习。

3. 体育品德：勇于克服困难、互帮互助，体验成功感和民族自豪感。

四、教学的重点和难点

教学重点：动作准确到位、衔接自然。

教学难点：震脚砸拳、马步冲拳；具备精气神。

五、教法与学法

教法：采用了讲解示范、纠正错误等方法开展教学。在动作的设计上由易到难，循序渐进地引导学生掌握动作。课上采用了口诀方式来调动学生的积极性；利用小组展示来激发学生主动学习的热情，提高学习效果。

学法：学生通过听讲、模仿、体验探究、小组合作学习等方式。

六、教学过程

1. 开始部分：集合整队，严明纪律，宣布本次课的内容和目标。

2. 准备热身部分：游戏"石头剪刀布"，将武术基本步法和游戏、热身结合在一起，活跃课堂气氛，引导学生快速融入课堂。

3. 武术操：武术操中的动作大多是形神拳的分解动作，既活动各关节，又为主要内容的学习做好铺垫。

4. 学习技能部分

（1）先是教师完整示范，使学生树立正确的动作表象，认识到形神拳没有想象中那么难，克服学生的畏难情绪。之后，带领学生形神拳1—4动作。利用口诀帮助学生记忆和掌握，同时启发学生小组学习如何能快速的掌握动作：每名同学必须熟练掌握一个动作，同时兼顾其他动作，为小组学习互帮互助做好准备。

（2）分组学习，让小组长带领本组到指定场地练习。并提出："看哪组能在最短的时间内掌握正确的动作？"激发学生的好胜心，增强学生自主学习的能力和团结协作的精神。小组学习时，学生遇到困难或问题，可以互相交流与讨论，提高发现问题、解决问题的能力。在这样的过程中，教师巡回指导，共性问题集体纠错，个别问题单独辅导，关注学生的个体差异。

（3）各组展示（自评、互评）。将教学与生活实践相结合，培养学生终身体育的意识。在生活中我们会看到，武术可以是日常锻炼的项目，也可以是表演的内容。因此，在教学中给学生一个展示的舞台，通过创编队形发展他们的创新能力、合作能力；通过比赛激发学生的竞争意识和团结意识；通过小组展示锻炼学生自我展示的勇气和表现力，并在小组展示中互相学习，反思不足。

5. 体能练习

在这一环节告诉学生：武术具有攻防技击性，但如果没有力量做基础，这种攻防技击性就变得没有意义。引导学生认识到体能的重要性，从而坚持练习。在这里为了调动学生的积极性，采用了 Tabata 音乐，师生共练。

总之，在教学中我通过"教师讲解示范——学生分组练习，教师巡回指导——小组展示，师生评价——巩固练习"这样的方式，逐步帮助学生克服重点和难度，达成教学目标。

七、小结

跟随音乐拉伸放松。因为学生练习之后会疲惫，坐下是最舒服的姿势，通过拉伸既达到放松的效果又增强了学生间的感情。

最后，和学生一同总结本节课的收获，进一步引导学生认识到：体育带给我们的是体质的增强、是意志的磨炼。武术是中国的传统运动项目，希望同学们在体验中感悟，弘扬我们中华民族的传统体育文化。

八、场地器材

足球场地，音响 1 套，标志杆 2 个。

九、预计运动负荷

练习密度约 50%，运动强度约中等，最高心率 150 次 / 分钟，平均心率约 130 次 / 分钟。

十、课后反思

大部分学生武术基础薄弱，动作不到位，应多强化基本功练习。

表 2-16 《武术——形神拳》课时教案

教师姓名：弭贵芳　　　　授课对象：高二 23 班　　　　班级人数：40 人

课程名称	形神拳	课程类型	《体育与健康》必修
授课内容	形神拳第一节至第四节： （1）并步抱拳礼。 （2）左右侧步冲拳。 （3）开步前推双掌、翻掌抱拳。 （4）震脚砸拳、马步冲拳。	教学目标	1. 运动能力：80% 学生能够做出所学动作；知道动作名称、动作路线及动作规格；提高身体协调能力。 2. 健康行为：遵守纪律、积极思考、主动练习。 3. 体育品德：勇于克服困难、互帮互助，体验成功感和民族自豪感。
授课时间	2020 年 10 月 14 日	周次 / 课次	第二次课
重点 难点	重点：动作准确到位、衔接自然。 难点：震脚砸拳、马步冲拳；具备精气神。		
教学设计（内容安排与要求、组织形式、时间分配）			
课的部分	内　容	教与学的活动	组织与队形
准备部分 （10 分钟，强度小）	1. 课堂常规。 （1）集合整队，师生问好 （2）宣布课的内容 （3）安排见习生	1. 教：讲解本节内容。 学：向教师敬礼；明确本课内容。	队形：四列横队 要求： （1）快、静、齐。 （2）精神饱满、口号响亮。 （3）注意力集中。

续表

课的部分	内　容	教与学的活动	组织与队形
准备部分（10分钟，强度小）	2.问题导入：同学们，提到武术你会想到什么？ 3.游戏热身：剪刀、石头、布 4.准备活动：武术操 （1）分掌抱拳 （2）左右冲拳 （3）开步推掌 （4）震脚砸拳 （5）蹬腿冲拳 （6）马步冲拳	2.教：启发引导学生积极思考、刻苦练习；讲解游戏方法。 学：认真听讲；遵守规则、积极活动。 3.教：组织全体学生练习，讲解练习方法；边讲解边示范学生跟做练习。 学：明确练习方法，在教师的引领下完成武术操练习。	队形： ××××××× ××××××× ××××××× ××××××× T 要求： （1）学生动作正确。 （2）动作要协调一致，动作到位。 （3）注意力集中。
基本部分（25分钟，强度大）	1.形神拳教学。 （1）并步抱拳礼。要点：撤步转身与两臂前后分开动作要一致，收腿抱拳于腰间动作要协调。 （2）左、右侧并步冲拳。要点：上步并腿冲拳动作要同时完成，动作干净利索，挺胸、立腰、步稳。 （3）开步前推双掌，翻掌抱拳。要点：向前推掌时要头正、颈直、挺胸、塌腰、眼看两掌，翻掌收抱动作快速有力眼看左侧。	1.教师教法。 （1）教师示范形神拳，讲解形神拳1—4节动作路线、名称，启发学生积极思考。 （2）利用口诀帮助学生理解动作，解决重点：撤步分掌丁步抱拳；开立抱拳并步冲拳；开立举手推掌翻收；提膝震脚蹬腿冲拳；马步落稳快速冲拳。 （3）通过讲解动作的攻防技击性解决难点：震脚砸拳、蹬踢冲拳、马步冲拳。	集体练习队形： ××××××× ××××××× ××××××× ××××××× T 要求：仔细观察，认真模仿。

续表

课的部分	内　容	教与学的活动	组织与队形
基本部分（25分钟，强度大）	（4）震脚砸拳、蹬腿冲拳、马步冲拳。要点：提膝与向上拧臂，震脚与砸拳要协调一致。砸拳时不可低头弓腰，蹬腿要平于膝，支撑腿稍屈，冲拳时拧腰、顺肩、上体正直，马步冲拳要稳步，身正、快速有力。2.体能练习（Tabata音乐）（1）抬脚跟（2）并步冲拳（3）马步冲拳（4）侧踢腿（5）平板支撑（6）提膝收臂（7）开合跳（8）单抬腿击掌	2.集体学习。3.小组练习。4.巡视指导，讲解纠错。5.学生学法。（1）认真观看听讲，模仿教师动作。（2）明确练习方法与要求。（3）积极思考，控制好身体的协调能力。（4）积极参与练习，同伴间相互鼓励。6.教师教法。（1）讲解练习方法与要求。（2）示范并参与练习。7.学生学法（1）明确练习方法与要求。（2）积极练习。	分组练习队形： 　　x　　x 　xxx　xxx 　xxx　xxx 　　　T 　xxx　xxx 　xxx　xxx 　　x　　x 要求：团结协作，精气神饱满，动作到位。
结束部分（5分钟，难度小）	1.放松整理。2.课后小结。3.布置作业。4.宣布下课、师生再见。	教师教法：1.教师带领做放松练习。2.对本课进行讲评。3.布置课外练习。学生学法：1.听口令跟教师一起放松。2.明确课外练习。	队形： xxxxxxx xxxxxxx xxxxxxx xxxxxxx 　　T 要求：1.动作正确。2.充分拉伸、配合呼吸。3.注意力集中。
场地器材	足球场、音响、标志杆2个。	小结：1.学生掌握了动作技能。2.练习密度偏低。	

结合时事　讲好体育故事

　　暑假，是孩子们最喜欢的放松时刻，也是家长颇为焦虑和头疼的时期。一方面，假期家长要工作，孩子的安全问题便成了让家长心忧的问题，另一方面，假期需要游戏和放松，但如果彻底远离书本和知识，不继续保持良好的学习和生活习惯，对孩子的长期发展来说，显然不利。为此，2020年的暑期，山东省德州市"出招"，面向不同年级开设特色课程，利用丰富多彩的"暑期公益课堂"，让孩子们度过一个安全、有意义的暑假。

　　在这次全市"暑期公益课堂"活动中，我承担着为孩子们上好体育公开课的任务。如何在孩子们玩心正浓的暑期课堂中上好一堂体育公开课？如何既吸引了孩子的注意力，又科普了体育知识？怎样确保这堂课能高效、稳妥地上下去？当时，深受疫情影响的东京奥运会终于在延期一年后开幕，受到各国关注。于是，我积极思考，充分筹备，决定由东京奥运会入手，带领学生深入了解奥林匹克精神，明确竞技体育的魅力，感受体育运动带给人的积极力量和澎湃感动，让学生在时事中了解历史，了解体育，爱上体育！

"暑期公益课堂"公开课设计：《奥林匹克运动》

导入：

同学们好！欢迎来到体育课堂。

大家都在关注的一项体育赛事，是什么？对，是奥运会。由于疫情的影响，第32届东京奥运会在延期一年后终于开幕了。同学们，你们是否想过奥运会为什么会有这么大的魅力，能够吸引世界各国优秀运动员竞相参与，能够吸引各国人民的目光共同关注。我想他展示的不仅是速度、力量、技术、战术、心理，更重要的是一种精神：奥林匹克精神。今天老师就带领大家一起走进奥林匹克运动知识课堂。

学习目标：

1.了解奥林匹克运动的起源与发展；

2.深入理解现代奥林匹克运动文化的核心；

3.感受我国奥林匹克运动的发展历程和成就。

学习内容：

1.古代奥林匹克运动；

2.现代奥林匹克运动；

3.中国的奥运之路。

讲授新课：

一、古代奥林匹克运动

（一）起源

激发兴趣：播放古代奥林匹克运动起源视频。

提出问题：当时社会的政治、军事、经济、文化和祭祀活动与古代奥运会的产生有什么样的关系？

影响：

1.受这些思想和因素的影响，古希腊人普遍追求身体的强壮与健美，并将之与自身的修养和荣誉紧密联系在一起，各项体育竞技比赛的冠军均被视为英雄，受到人们的崇拜。

2.在他们的审美观念中，强劲的力量、协调的动作、惊人的速度、完善的技艺、发达的肌肉都是人类最美好和最值得崇尚的东西。

3.他们认为在祭坛前展现技艺、展示健与美，就是最虔诚的祭祀活动。这些祭祀活动后来逐渐发展成为祭祀竞技赛会。

（二）发展与衰败

第一届古代奥林匹克运动会于公元前776年举行，此后每四年举行一次，举办地点为希腊的奥林匹亚，并延续1000多年经历了兴起与发展、鼎盛、衰落三个阶段。

在兴起与发展阶段，古代奥运会也制定了一系列的规定：

1. 神圣休战：奥运会期间，战争停止，休战持续三个月，让人们安全地参加奥运会，保障奥运会顺利召开。

2. 古代奥运会的比赛项目：最初只有短跑，从公元前724年起，又陆续增加了中距离跑、长跑、跳远、铁饼、标枪和角力、战车比赛、赛马、拳击、摔跤和角斗等比赛项目。

3. 运动员参赛资格及其鉴定：参加奥运会的运动员必须是纯希腊血统的公民和自由身份的男子。参加比赛的选手要由8个裁判员现场证明未受过刑罚。初审合格，必须按规定在赛前进行10个月的训练。

4. 荣誉与奖励：古代奥运会冠军的奖品是橄榄枝编成的花冠，这是古代奥运会上最神圣的奖品，得到它是至高无上的荣誉。

思考：

1. 奥林匹克休战对古代奥运会有什么意义？

2. 古代奥运会中的比赛项目与古希腊人的生产劳动和战争有什么关系？

探究答案：

1. 奥林匹克休战让人们安全地参加奥运会，有力地保障了古代奥运会顺利召开，也体现了和平与友谊的精神。

2. 古代奥运会中的比赛项目都是从生产劳动和军事活动中演化出来的。这些项目也激励着人们追求健美、奋力拼搏、公平竞争。

当然，由于时代的原因，古代奥运会也存在着局限性。

公元393年罗马皇帝下令关闭一切活动场所，古代奥运会从此宣告结束。

古代奥运会结束了，但它创造的竞技运动方式和奥林匹克精神，对现代社会和体育的发展产生了深远的影响。

二、现代奥林匹克运动

（一）兴起

1894年在法国教育家顾拜旦等许多人的共同努力下，6月23日国际奥林匹克运动委员会成立，通过了恢复奥林匹克运动会的决议，并决定每四年举行一次，这也标志着现代奥林匹克运动的诞生，因此每年的 6 月 23 日被称为奥林匹克日。

1896 年第一届现代奥林匹克运动会在希腊举行。

（二）发展

从 1896 年到现在，经历了 120 多年的洗礼，现代奥林匹克运动渡过了艰苦探索期、初具形态期、发展与危机时期、改革与创新时期。在参赛人数、国家、比赛项目和相应的组织与管理活动等方面都发生了巨大的变化。

深刻理解奥林匹克文化：

1. 奥林匹克标志由 5 个相同大小的奥林匹克环从左到右相互套接而组成，环的颜色可以是单色，也可以是蓝、黄、黑、绿和红色 5 种颜色，整个造型为一个小的规则梯形。奥林匹克标志象征五大洲的团结和全世界的运动员在奥运会上欢聚一堂。

2. 奥林匹克主义是将身、心和精神方面的各种品质均衡地结合起来，并使之得到提高的一种人生哲学。它将体育运动与文化和教育融为一体。奥林匹克主义所要建立的生活方式是以奋斗中所体验到的乐趣、优秀榜样的教育价值和对一般伦理基本原则的推崇为基础的。

3. 奥林匹克的宗旨是使体育运动为人的和谐发展服务，以促进建立一个维护人的尊严的和平社会。

4. 奥林匹克精神是通过友谊、团结和公平竞争来互相理解的精神。

5. 奥林匹克格言：在日本东京召开的国际奥委会第 138 次全会正式通过将"更团结"加入奥林匹克格言中，奥林匹克格言自此变为"更快、更高、更强、更团结"。

奥林匹克名言："重要的是参与，而不是取胜。"

三、中国的奥运之路

播放视频，回顾中国奥运历程的同时，激发爱国热情和民族自豪感。

（一）夏季奥运会

1932 年 7 月 30 日，第 10 届奥运会举行，中国第一次参加奥运会，刘长春一人参赛。

1984年第23届奥运会上，许海峰在射击项目中力克群雄，为中国赢得了历史上第一枚奥运金牌。

2000年第27届悉尼奥运会，中国以28枚金牌总数列所有参赛国家和地区的第三位。

2001年7月13日，中国北京申办奥运成功。

2004年第28届雅典奥运会，中国以32枚金牌上升至金牌榜第二位。

2008年在北京举办了第29届奥运会，当时的国际奥委会主席在闭幕式上称赞这是一届无与伦比的奥运会。中国奥运代表团获得51枚金牌，占据金牌榜首位。

2012年第30届伦敦奥运会，中国奥运代表团获得38枚金牌，居金牌榜和奖牌榜第二位，打破6项世界纪录和6项奥运纪录。创中国代表团在境外参加奥运会的最好成绩。

2016年第31届里约热内卢奥运会，中国代表团获得26枚金牌，位列金牌榜第三位。

（二）冬季奥运会

1980年第13届冬奥会开始，中国开始派出运动员参加冬奥会。

1992年第16届冬奥会上中国实现了奖牌零的突破。

2002年美国盐湖城第19届冬奥会上，杨杨获得短道速滑女子500米冠军，实现了中国在冬奥会上金牌"零的突破"。

2015年7月31日，北京携张家口获得2022年第24届冬奥会举办权，这是中国历史上第一次举办冬季奥林匹克运动会，也是中国继北京奥运会、南京青奥会后，第三次举办国际奥运赛事。

探讨中国的奥运之路，深刻体会奥林匹克精神。

总结：

当中国的运动员站到领奖台上，当《义勇军进行曲》一次次响彻大地，当五星红旗一次次冉冉升起，相信自豪、激动的情愫会在每一个国人的心中涌动。中国奥林匹克精神，显示出巨大的凝聚力，奥运是一种追求，一种挑战自我的过程，一种不屈的精神，一种不服输的力量。每一位努力拼搏的运动员都值得尊重，都值得我们为他鼓掌。

希望同学们弘扬奥林匹克精神，珍惜时光、努力学习、强健体魄、勇攀高峰！

体育教育的线上践行

自 2020 年新冠肺炎来袭后，学生经历了很长一段时间的居家学习阶段。学生居家学习后，运动时间缩短、运动量减少、身体免疫力和学习效率均会有所下降，这也成了学校和体育教师最为担忧的事情。如何有针对性地开展线上教学，保证线上教学成果，是每个老师都在思考和关注的问题。在线上教育开展时，我坚持"以体育人、健康至上"的教育理念，认真贯彻体育教学目标，以"提升兴趣、增强体质、提振信心、锤炼意志"为目标，结合实际，创造性地开展了线上体育教学。2022 年 5 月，我执教的线上《体能：力量练习》课例获德州市优秀微课。

与线下教育不同，线上课堂的师生互动显得更为重要，当没有操场、没有同伴、没有器械的时候，如何让课堂更生动呢？我选择了《体能：力量练习》作为课堂主题，该内容不仅能够帮助学生在家实现无器材力量锻炼，而且有助于增强学生的身体素质，保证身体健康。在授课过程中，我有针对性地优化和修订了教学方法。一方面是非常注重云端课堂的"示范"与"跟学"。我会提前录制好动作内容，教学时，采用录播与直播相结合的形式，远程讲解与示范后，给予学生在线练习展示的平台，调动学生的积极性，给予他们获得感。另一方面，我会激励学生打卡竞赛，看看谁能更准确、更长久地完成练习，并会予以点评纠正，促进学生学习和练习。

疫情期间的线上体育教学，使人们切实感受到互联网给教育带来的改变，触发了人们对信息时代教育理论和教育模式的深刻思考，也为探索体育教学的路径提供了新思路。我也将更深入地把体育融入生活，培养学生终身锻炼的体育观，锻造具有强健体魄的阳光学子。

线上体育课教案——《体能：力量练习》

同学们，你们知道力量练习的方法有哪些吗？今天我们就一起学练一下。通过本节课的学习，老师希望同学们能够达到以下学习目标。

一、学习目标

知识目标：能够说出力量练习的 5 种锻炼方法，知道练习的锻炼价值。

技能目标：能够规范地完成练习动作，发展力量、协调等身体素质。

情感目标：能够积极练习，认真体会动作。同时，勇于克服困难，勇于坚持。

二、教学重难点

根据以上学习目标，结合练习内容的特点，确定了本节课重难点。

重点：动作规范到位。

难点：身体协调，用力正确。

三、教学过程

整个教学过程我们分为三个部分，分别是开始部分、基本部分、结束部分。

（一）开始部分

开始部分包括热身操和运动前拉伸两个环节。

1. 热身操

先练习六种基本步伐。

（1）踏步　　　　（2）侧并步

（3）迈步后屈腿　（4）跑跳步

（5）脚跟点地　　（6）开合跳

现在跟随音乐一起练习。

第一段：

踏步（四个八拍）

侧并步（四个八拍）

加手臂（四个八拍）

跑跳步（四个八拍，两个八拍原地，一个八拍左转，一个八拍右转）

踏步（两个八拍）

脚跟点地（两个八拍）

第二段：两脚开立，两臂打开，屈膝半蹲下按，手摸踝关节，两腿伸直，两臂打开，还原。

踏步（两个八拍）

侧并步（四个八拍）

后屈腿（四个八拍）

跑跳步（两个八拍）

开合跳（两个八拍）

第三段：

踏步（两个八拍）

侧并步（两个八拍）

后屈腿（两个八拍）

加手臂（四个八拍）

踏步两个八拍，最后两脚分开，左手掐腰，右手食指上指。

2. 运动前拉伸

热身之后我们进行运动前拉伸，跟随老师一起练习。

（1）颈部拉伸　（2）压颈展胸

（3）肩部绕环　（4）TYW 运动

（5）转体提膝　（6）燕式后踢腿

（7）侧踢腿　　（8）膝关节运动

（9）腕、踝关节运动

（二）基本部分

充分活动身体之后，我们进入基本部分，基本部分包括神经激活和力量练习两个内容。

1.神经激活

（1）上肢激活练习：冲拳

动作要领：两脚开立，与肩同宽，两手握拳抱于腰际，拳心向上。左前臂内旋，左拳从腰间向前冲出，力达拳面，高与肩平，拧腰、顺肩，左右交替练习。20次为一组，练习2组，间歇30秒。

要求：拧腰、顺肩，冲拳有力。

（2）下肢激活练习：高抬腿

动作要领：自然站立，先抬脚后跟提重心，然后，蹬腿发力，快速进行高抬腿的摆动练习。20次为一组，练习2组，间歇30秒。

要求：做动作时，大腿抬至与地面平行，动作频率要快。

（3）全身激活练习：开合跳

动作要领：成立正站姿，脚前掌发力，两脚向两侧跳开，同时两臂经身体两侧在头顶击掌，再脚前掌发力，还原成立正姿势。20次为一组，练习2组，间歇30秒。

要求：前脚掌着地，落地要屈膝缓冲，上下肢协调配合。

2.力量练习

（1）上肢力量练习

①初级：俯撑摸肩

动作方法：成俯撑姿势，抬起一只手臂去摸对侧肩膀，交替进行。男生30次，女生20次。

要求：背部挺直，躯干稳定。

②中级：俯卧撑（男生）跪卧撑（女生）

动作方法：成俯卧支撑，双臂放于胸部位置，双手相距略宽于肩膀，手指向前，身体挺直，屈臂使身体平直下降至肩肘处于同一水平面，然后将身体平直撑起。男生20次，女生10次。

要求：从肩膀到脚踝保持一条直线，不塌腰；屈臂要慢，撑起时要快。

③高级：俯卧撑击掌

动作方法：在俯卧撑的基础上，快速有力地推掌，然后，双手在空中击一次掌。男生20次，女生10次。

要求：在推撑过程中保持身体平衡。

（2）下肢力量练习

①初级：半蹲

动作方法：两脚分开略比肩宽，手臂前伸，膝关节与脚尖方向一致，双腿下蹲至水平面后保持1秒再恢复起始姿势。男生20次，女生15次。

要求：蹲下时慢，蹬伸时要快；下蹲时后背保持挺直，躯干稳定。

②中级：半蹲跳

动作方法：半蹲姿势准备，手臂置于体侧，躯干保持挺直，快速蹬地向上纵跳，落地还原成起始姿势。男生20次，女生15次。

要求：躯干稳定，手臂协调摆动，充分蹬伸，落地屈膝缓冲。

③高级：深蹲摸地跳

动作方法：站立姿势准备，双脚蹬地分开跳同时下蹲摸地，然后再跳起还原，重复练习。男生20次，女生15次。

要求：背部挺直，动作连贯。

（3）核心力量练习一

①初级：平板支撑

动作方法：俯卧垫上肘支撑，肘与地面垂直，双脚尖撑地，腹部悬空。20—60秒。

要求：不要卷背、撅臀、塌腰、屈腿。

②中级：三点支撑

动作方法：在俯撑的基础上，依次抬左手、右手、左腿、右腿，每次持续10s后依次抬起。20—60秒。

要求：核心收紧，躯干保持稳定。

③高级：动态平板支撑

动作方法：在平板支撑的基础上，左手、右手依次撑起，换成高位平板支撑。20—60秒。

要求：核心收紧，躯干保持稳定。

（4）核心力量练习二

①初级：坐式俄罗斯转体

动作方法：坐姿准备，双腿微屈，后脚跟轻触地面，身体略向后倾斜，双手十指交叉或抱拳于胸前，肩部后缩下沉带动手臂，腰腹部发力转动身体。左右为1次，做20次。

要求：下背部挺直，核心收紧，腰腹部发力。

②中级：俄罗斯转体

动作方法：在坐式的基础上，将腿部抬起，双腿尽量合拢。上背略微弓起，下背挺直，左右转体。左右为1次，做20次。

要求：下背部挺直，核心收紧，腰腹部发力。

③高级：俄罗斯转体交叉摸脚

动作方法：俄罗斯转体左右一个后，交叉摸脚。做20次。

要求：下背部挺直，核心收紧，腰腹部发力。

过渡语：同学们，以上四种练习大家可以根据自己的实际情况自主选择，循环一次为一组，共练习3组，组间休息90秒。让我们比一比，看谁能够坚持完成动作，并且动作标准到位。加油！

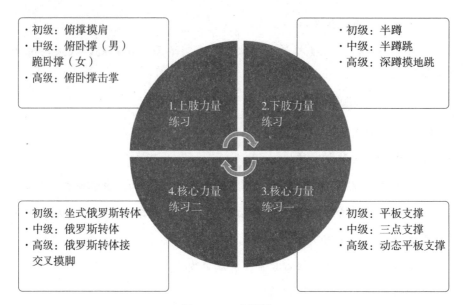

- 初级：俯撑摸肩
- 中级：俯卧撑（男）
  跪卧撑（女）
- 高级：俯卧撑击掌

1.上肢力量练习

- 初级：半蹲
- 中级：半蹲跳
- 高级：深蹲摸地跳

2.下肢力量练习

4.核心力量练习二

- 初级：坐式俄罗斯转体
- 中级：俄罗斯转体
- 高级：俄罗斯转体接
  交叉摸脚

3.核心力量练习一

- 初级：平板支撑
- 中级：三点支撑
- 高级：动态平板支撑

图 2-10　力量练习

【学生练习视频】

过渡语：通过以上练习同学们有什么感受？大家要知道：运动要达到一定的运动强度才能够增强身体素质。同时，老师也想让同学们认识到：虽然由于疫情原因我们不得不居家学习，但是即使在狭小的范围内我们依然可以通过多样的练习方式锻炼身体。

好了，考虑到同学们都累了，我们一起拉伸放松一下。

结束语：以上是我们这节课的全部内容，通过学练你有哪些收获？你能说出几种力量练习的方法？希望同学们将你学到的这些内容分享给你的家人，带动他们一起锻炼。

祝同学们在体育运动中收获健康、收获快乐、收获自信！

谢谢大家，再见！

以"体"育人促发展 踔厉奋进向未来

2021年，山东省教育厅、山东省发展和改革委员会、山东省财政厅、山东省人力资源和社会保障厅发布《关于实施强科培优行动 推进普通高中特色多样发展的实施意见》（鲁教基字〔2021〕6号）（以下简称《实施意见》），决定实施强科培优行动，推进普通高中特色多样发展。

所谓"强科培优行动"，就是挑选建设一批具有基础学科优势的省级、市级特色高中和学科基地，其目的是更好地满足学生全面发展和个性化成长需求，全面提升学校办学水平和人才培养质量，构建贯通招生、培养、评价、管理等环节的体制机制，示范引领全省普通高中转变育人方式。而特色高中建设中的"特色"，主要体现在学科特色方面，把特色学科培育作为特色高中建设的主抓手。

"强科培优行动"重视学生的个性化成长，对于高中生的学习生活也会有较大的影响。其可以加强知识内在关联，注重加强课题研究、研究性学习等跨学科综合性教学，推行项目式、探究式学习，提升学生综合运用知识分析解决实际问题的能力。也能够统筹校内外教育资源，发展学生特色社团，拓宽实践渠道，丰富特色实践活动。加强生涯规划指导，指导学生选科与个人志向、兴趣相契合。

深入理解文件精神，把握教育态势，结合学校实际，发挥以"体"育人职能。2022年1月，我代表学校体育组汇报了"强科培优"基地申报方案，汇报从学校实际出发，细细梳理了学校优势与特色，翔实阐述了关于学科基地建设的系列规划内容，方案获得专家一致认可，学校也成功获批为德州市体育学科基地。正如汇报方案所说的那样，我们将始终以"体"育人促发展，踔厉奋进向未来！

以"体"育人促发展，踔厉奋进向未来

——宁津县第一中学体育学科基地申报

汇报从学校概况、学科优势、规划方案三个方面进行具体的阐述。

一、学校概况

宁津一中始建于1951年，是省级规范化学校、德州市教书育人先进单位、全国群众体育运动先进单位。多年来，我校始终高度重视体育工作，始终把体育作为落实立德树人根本任务，构建高质量体系，推动学生发展的重要措施。

在市教科院的引领下，在学校的大力支持下，在全体体育教师的共同努力下，我们学校的体育工作也取得了优异的成绩。

当然，我们深知申报学科基地建设是荣誉，更是一份担当和责任。因此，我们学科教研组通过集体教研，认真分析了我们具备的一些条件和优势。

二、学科优势

（一）优秀的师资队伍

学校体育教研组现有体育教师27人、高级教师7人、中级教师16人。我们牢固树立"健康第一"的指导思想，扎实工作、务实创新、刻苦钻研，教育教学能力不断提高。

首先是我自己，在教科院的引领下，在教研员和很多专家的指导帮助下，不断成长，收获了很多的荣誉。目前是第二届德州名师建设工程人选，山东省高中体育与健康特级教师工作坊成员，山东省中小学远程培训项目专家。

"一花独放不是春，百花齐放春满园。"荣誉意味着使命和担当，荣誉越多责任越大，而且责无旁贷。我积极带领我们学校的老师一起研究教学，钻研教法，很多年轻教师迅速地成长为骨干教师。他们有的获得了"市优质课一等奖"，有的获得了"市教学能手"，有的获得了"教学成果一等奖"，等等。

相信我们的团队定会不负众望，成为学科基地建设开拓者、奋斗者、成功者。

（二）充足的运动场地

我校目前是两个校区。

新校区田径场 2 个，室内体育球馆 1 个。馆内：篮球场地 1 个，羽毛球场地 6 个，健美操房 1 个，武术房 1 个。室外：篮球场地 14 个，排球场地 9 个，羽毛球场地 2 个，网球场地 1 个。

老校区田径场一个，篮球场地 10 个，室内体能训练房、健美操房、乒乓球室各 1 个。

我们认为，充足的运动场地是学科基地建设的基础。

（三）多样的校园体育活动

1. 规范的课程设置

我们学校的体育课程严格按照新课程标准进行设置，开展选项教学。根据学校实际、师资配备开设了与学生发展相关的六个选项课程，有田径、篮球、足球、武术、健美操、乒乓球。

2. 科学的课余训练

多年来，我们为北京体育大学、山东师范大学等高等院校输送了大量优秀体育人才，也在不断探索我校中考特长生的招生方法和体育特长生的培养模式。相对来说，健美操专业的运行模式非常成熟，健美操队在王真真教练的带领下取得了骄人的成绩：

2019 年 16 人参加高考，专业文化课双过关 13 人，升学率 81%；

2020 年 14 参加高考专业文化课全部过关，升学率 100%；

2021 年 14 人参加高考 13 人专业文化课双过关，升学率 93%；

2019 年荣获一加一杯山东省健美操精英赛团体一等奖；

2021 年荣获山东省教育厅《深化高考改革，提升育人质量》优秀成果二等奖。

3. 丰富的课外活动

我们会定期开展体育赛事。有拔河比赛、田径运动会、篮球、足球、乒乓球比赛等，通过"以赛促学、以赛促练"引导学生感受体育带来的乐趣，锻炼学生体育品德。

（四）定期的教学培训

我们组会定期举办骨干教师讲座、开展集体备课，通过专题讲座，引领、带动全组教师共同成长。本学期，我校张珊珊老师开展了《<国家学生体质健康标准>解读及规范测试方法》讲座，我结合在研的市级重点课题开展了《基于核心素养培育的高中体育课堂教学研究》和《基于核心素养培育的高中体能模块的构建和实施》的讲座。

综上所述，我们认为我们能够承担起体育学科基地这个重大的责任，当然，为了建设好学科基地，我们也制定了详细的工作方案。

三、规划方案

（一）指导思想

以立德树人为根本任务，采取"服务教学—通力合作—科研引领—自主创新"的工作原则，多举措开展教师学习研讨，丰富完善课内课外线上线下"学、练、赛、评"教学体系，帮助学生健康成长，努力实现"享受乐趣、增强体质、健全人格、锤炼意志"四位一体学校体育目标。

（二）基本原则

服务教学的原则。以提高学校体育教学和训练实效，促进学生体质增强、特长发展和提高学生体育核心素养为出发点，使学科基地成为全市体育课程教学和训练的研究中心。

通力合作的原则。依托市教研室，聘请省特级教师，省、市学科名师等，指导我校体育学科教师，共同推进基地建设，保证学科基地各项工作顺利进行。

科研引领的原则。以体育实践课"常态化"教学为主阵地，贯彻新课改精神，积极开展教学研究，大胆进行教学模式、特长生培养的改革，创新教学策略，强化教师的课程意识，提高课程开发能力。

自主创新的原则。重视理论学习，加强教研组自身建设，在实践中勇于创造和探索经验。

（三）组织领导

我们组建了以校长为基地主任，分管校长为基地副主任，德州名师建设人选为教练员的工作小组，特别邀请市教研员做我们的指导专家。

（四）发展规划

我们以"以点带面促进教师发展，以体育人促进学科教学质量提升"为宗旨，制定如下发展规划。

1.在体育教学工作中，将基地建设与我市体育名师工作室紧密结合，继续加强我校体育教师在教学、训练、科研等各方面专业能力培训，打造骨干教师队伍，创建学科品牌。

2.认真研究国家有关文件、新课程标准和高中生的身心特点，把握体育教育与学生身心健康之间的契合点，严格按照《山东省中小学体育与健康课堂教学基本要求》，切实完成高中体育教育的教学目标。

3.开展一系列的教学研讨、教学评比等活动；积极组织体育教师参与各种培训和课题研究，鼓励教师发表教学论文，争取在德州市的教育教学、教研活动中起模范带头作用。

4.积极探索高中体育课改的评价机制和教学质量监控方式，使我校高中体育课改能够真正落到实处，并能够指引体育课改的前进方向，提高体育学科的教学质量。

5.不断地完善学科基地的各项硬件设施，为全市的教育教学工作做贡献。

（五）基地特色

1.共同探索与打造一种课上与课下相结合，线上与线下相结合的新内容、新理念的高中体育与健康课程模式。计划依托智慧树平台打造高中体育与健康在线课程，解决因为疫情等因素不能在校上体育课的情况。

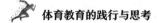
2."走出去""请进来"，与其他地市体育学科发展好的学校紧密联系，探索我县"小—初—中"一体化的体育人才培养模式和"学—练—赛—评"四位一体的课堂教学模式。

3.挖掘地方资源，丰富校本特色课程。计划与我县的武术协会联系，走访民间的武术传承人，通过学习交流丰富武术校本课程。另外，在我县举办篮球、足球等各项赛事期间，与举办方联系，给篮球特长或爱好篮球的学生提供参与的机会。

以上是我们的申报方案，后期我们将会进一步制定工作职责保障基地建设的顺利进行。

学习之路永无止境，改革之路任重而道远。我们将以此次申报为契机，不断努力，不断探索，向体育特色品牌学校迈进。

第三章　体育教研的深入探索

立足教育实践　思考、研究、解决三步走

作为青少年的"必修课"，体育运动可以促进学生身心健康、体魄强健、全面发展，为学生的未来奠定坚实的基础。事实上，体育教育是一门理论与实践并重的学科，作为学校体育教学和体育活动的组织者和引导者，体育教师的素质、能力、水平关系到下一代人的体质状况、身体健康。由此要求体育教师只有不断提升自身的专业水平，才能做学生终生健康的引路人，才能真正为实现"体育强国"理想贡献自己的一份力量。

为更好地提升自己的专业水平和执教能力，从教以来，我不断钻研，撰写了多篇论文公开发表，有多项省、市级论文奖项。体育论文凝缩了教师的科研成果和教研思索，它是课堂教学的延伸，更是一系列教学问题的实录反馈，凝结了教师的思想精华。在撰写论文的过程中，从发现问题到解决问题，中间需要系列理论、调研、数据等作为支撑，工程量颇大，且对文字功底有一定要求，但对于体育教师而言，只要立足教学实践，紧抓"思考、研究、解决"三大环节，就能写出好论文来，这也是我始终秉承的教研态度。

论文的产生源于对问题的发现。对于一名体育教师来说，可以通过养成随时"记录"、勤于发问的习惯来确定论文命题，我们可以细心观察，留意每一个看似微小的问题，再通过后期不断的归纳和提炼，来得出观点。除此之外，选题也可以从小处切入，以小见大，避免空泛，任何一个令人疑惑或是印象深刻的点，都可以将其记录下来，随后细心梳理、系统思考，

就会得到相应的选题。

教学研究的意义在于解决问题，得出有价值的理论成果，并为其他类似问题提供一定的指示和借鉴意义，那么，在论文书写过程中，就必须不断实践、不断思考，采取多种方式，实施研究工作，最终取得真实有效的数据和成果。在这个过程中，需要注重理论与实例相结合。既要有科学理论支撑，也要有实例证实，由此，会大大加强论文的说服力。

最终，研究结束，发现的问题得以解决，相应的对策产生，一篇有价值的论文也就此完成。

这个过程不仅是撰写体育论文的基础，更是促进教学进步、教研发展的重要途径。在这个过程中，不仅可以督促自己不断思考、研究，还能倒逼教师在平时的教学中有意识的关注学生在学习过程中出现的问题，在实践和理论道路上共同进步，促成教师良好教研习惯和教学习惯的养成。

对高中女生体育课兴趣的研究及教学对策

《对高中女生体育课兴趣的研究及教学对策》是我发表的第一篇一等奖获奖论文，那是在 2004 年 6 月，经过不断的打磨，该篇论文终于发表，并获山东省教育厅基教处颁发的论文一等奖。该篇论文的问题正来源于高中体育课堂上一种较为普遍的现象——高中女生对于体育课的兴趣减淡，甚至逐渐失去兴趣。

体育教育不同于其他学科教育，它更多地需要学生亲身参与，让学生"动"起来。除了了解理论知识、知晓运动技巧，如何将所学运用、将动作目标完整呈现，则是体育学科更为实际的教学目标。因此，在体育教育过程中，学生的参与尤为重要。而在实际教学过程中，我了解到高中女生普遍对体育课兴趣较低，甚至逐渐失去兴趣。于是，我将该问题深化，采取问卷调查、查找文献资料及数据统计等方法，研究撰写了论文《对高中女生体育课兴趣的研究及教学对策》，论文从高中女生的生理、心理特点出发，结合体育教学的内容、模式等实际，剖析高中女生对体育课兴趣减弱的原因，并探索对策，从而对高中体育教学产生实际指示意义。

对高中女生体育课兴趣的研究及教学对策

弭贵芳

摘要：本文采用问卷调查、文献资料及数理统计等方法，对高中女生体育课兴趣进行调查研究。结果表明，高中女生由于生理上的发育，第二性征的明显变化，加上自身心理的一些不正确认识，逐渐对体育课失去兴趣，缺乏体育锻炼的积极性。随着体育与健康的改革，本文试图从高中女生的生理、心理特点出发，结合体育教学的教学内容、教学模式及教学条件进行分析，找出女生对体育课失去兴趣的原因，通过正确的引导，使高中女生积极参与到体育锻炼中去。

关键词：高中女生；体育课；兴趣；教学对策

1. 前言

2003 年教育部颁布的《全日制普通高级中学体育与健康课程标准（实验稿）》反复强调要重视培养、激发和保持学生的运动兴趣。并指出："运动兴趣和习惯是促进学生自主学习和终身坚持锻炼的前提"，"是实现体育与健康课程目标和价值的有效保证"。可是通过对宁津县高中学校的调查发现，高中女生普遍存在对体育课不感兴趣的现象，这不仅有碍于学生身心健康的发展，也反映了我们的高中体育教学中存在着一些问题，为了更好的开展体育与健康的教育，我从学生自身生理、心理特点出发，结合教师的教学手段、教学模式等进行分析，力争找出对策，解决高中女生上体育课存在的问题。

2. 研究对象与方法

2.1 研究对象

用整群抽样法，从宁津一中随机抽取 210 名女生。

2.2 研究方法

2.2.1 问卷调查法：对这 210 名女生进行问卷调查，再对答案进行整理分析，共发放问卷 210 份，收回 196 份，有效答卷 190 份。其中高一 60 人，高二 60 人，高三 70 人。

2.2.2 文献资料法：搜集近几年的对高中女生体育课教学的改革的文章，归纳整理。

2.2.3 数理统计法：将收集的问卷进行整理后，运用数理统计的方法加以计算和分析。

3. 结果与分析

3.1 高中女生上体育课的态度

从表 1 中我们可以看出，在高中各年级里，年级越高不喜欢率越高。

只有 22.63% 的女生喜欢上，有 28.95% 的女生是一般态度，上不上体育课不在乎，上课时也只是排一下队，不积极参加活动，48.42% 的女生不喜欢上体育课，有时上课都不去。态度一般和不喜欢的共占 77.37%，这是一个不小的比例，说明高中女生不喜欢上体育课的现象是很普遍的。

表 3-1　高中女生对体育课态度统计

年级	喜欢		一般		不喜欢	
	人数（人）	百分率（%）	人数（人）	百分率（%）	人数（人）	百分率（%）
高一	15	25	17	28.33	28	46.67
高二	13	21.67	18	30	29	48.33
高三	15	21.43	20	28.57	35	50
总体	43	22.63	55	28.95	92	48.42

3.2　对体育课不感兴趣的原因

由表 3-2 我们可以看出，高中女生不喜欢上课的原因是多方面的，既有自身的原因，也有外界因素的影响。其中教学内容对高中女生上体育课的兴趣影响是显而易见的。其次，学生本身的因素也占了很大的比重，其他的因素也对其产生了一定的影响。

表 3-2　高中女生对体育课不感兴趣原因调查

内容	选择人数（人）	位数	百分率（%）
教学内容陈旧	137	1	72.1
自身因素	115	2	60.53
课堂模式不新颖	103	3	54.21
教师素质	68	4	35.79
场地器材限制	42	5	22.1
其他	30	6	15.79

3.2.1　教学内容陈旧

我国的体育教材是滚动制教材，绝大多数内容从小学一直到中学到大学，虽说在不同的年龄段提出的要求不同，但不管要求如何提，这些项目的动作、动作要领、基本方法是不会变的。其中一些竞技项目，如长跑项目等，许多女生都不能很好的完成。而这些项目完全可以由其他的项目来代替，也可以达到同样的锻炼效果。所以可以根据女生的特点，来选择合适的教学内容。

3.2.2 高中女生自身因素

从生理角度来看，高中女生（一般在 17—20 岁左右）正处于青春发育的高峰期。在这一时期，高中女生身体外在表现发生很大变化：体形丰满，躯干长，骨盆宽大，重心偏低，肩窄，下肢较上肢发达。由于内分泌的变化，性腺活动加强，神经系统的稳定性受到影响，使得动作迟缓，协调能力暂时下降，再加上女生血压低于男生，呼吸肌和肌肉能力差于男生，使女生的运动能力不比男生。随着高中女生生理的变化，其心理特征也发生相应的变化，高中女生心理还不成熟、不稳定和不平衡，心理过程易受外界的影响，变化复杂，波动性大。情感表现为：内向、含蓄、敏感、自尊；意志表现为：畏难，经受不起失败的考验；外在表现有：爱美、怕苦、怕累、怕脏、怕批评、懒动，羞于在别人特别是男生面前表现自己。但体育课是通过身体的练习来达到健康的效果，必须承受一定的负荷，同时在室外进行，风吹日晒。这样使她们不愿上体育课，再加上女生缺乏对体育锻炼的正确认识，学习目的不明确，更造成她们应付体育课，甚至不上体育课。

3.2.3 课堂模式老套，场地器材限制

通过观察发现，一方面，高中体育课的课堂模式中的准备活动和整理活动形式比较陈旧。准备活动通常就是跑几圈，然后再做几节单调的徒手操，学生没有新鲜感。这样在体育课的开始就没有充分调动起学生的积极性，不利于下面的教学内容的开展。另一方面，场地器材的限制又在无形之中降低了同学们活动的积极性。在体育课上经常看到这样的现象：十几个女生共用一个篮球或排球，每个人的练习密度很小，甚至有的同学一节体育课碰不了几次球，本身女生就不爱动，再加上没有练习的机会，她们

就体会不到上体育课的乐趣，也就无从谈起达到锻炼身心的目的。久而久之，就对体育课不感兴趣，也就不喜欢上了。

3.2.4　教师素质

通过访谈了解到，学生喜欢教师能用几句简明的言语或几个字来表达出某一动作的要领。而在调查的过程中了解到，有些体育教师的表达能力不强，说了一大段，而学生还是不明白。这就说明有些体育教师对某些运动项目的动作要领掌握的不够深刻，没有达到用几句话道出动作本质的程度。还发现在教师给同学们做动作示范的时候，自己的动作做的不规范，应该注意的地方教师自己也没有做好，还有一些动作教师只是说说，也没有做示范，这样的教学效果是可想而知的。这样，学生从心里就对教师有了看法，觉得这个教师不合格。再加上个别的教师作风粗暴或打骂学生，使教师在学生心中的形象大跌。这说明有些教师不具备当体育教师的一些基本素质，在没有魄力、没有激情、没有水平的体育教师的影响下，使得学生对体育课逐渐失去了兴趣。

3.2.5　其他因素

社会因素也是影响高中女生体育兴趣的一个方面。她们处于社会、学校、家庭的多重压力下，除了学习就是学习，成绩好就代表一切都好，参加体育锻炼无疑浪费了宝贵的学习时间。另一方面，现在的家庭大多数是独生子女家庭，家庭条件好了，不怕苦、不怕累、能吃苦耐劳的学生少了，对体育课的苦、累吃不消，尤其是女生。

3.3　高中女生最感兴趣的体育项目

了解高中女生对什么体育项目最有兴趣，有助于体育锻炼的组织及其内容的选择。经调查统计，以得票多少排列将前六项列表如下。

表 3-3　高中女生最感兴趣的体育项目

1	2	3	4	5	6
羽毛球	健美操	跳绳	武术	乒乓球	篮球

表3显示：高中女生喜欢动作轻盈、优美、韵律性强、趣味性娱乐性浓、运动量不大、对抗性小的运动项目，如羽毛球、健美操、跳绳；还喜欢一些在我国有着广泛、深厚群众基础的运动项目，如武术、乒乓球、篮球。女生之所以喜爱这些项目，是她们的心理、生理方面的特点及对一些体育项目的认识所决定的。

4. 结论与对策

4.1 结论

4.1.1 在高中阶段，随着年级的升高，高中女生对体育课的兴趣降低。

4.1.2 造成高中女生不喜欢体育课的原因是多方面的，其中教学内容陈旧是主要的，再就是高中女生自身的因素，还有教师的教学模式、教学手段、教师本身的水平也是一个比较重要的方面。场地器材和外界因素对高中女生上体育课的兴趣也产生了一定程度的影响。

4.1.3 调查发现高中女生比较喜爱羽毛球、健美操、跳绳、武术、乒乓球、篮球六项运动项目。

4.2 对策

4.2.1 根据女生心理特点，加强体育与健康目的教育

由于高中女生心理的不稳定特点，她们很容易受外界的干扰，对体育课形成错误的认识，因而应加强女生体育价值观的教育，使学生了解体育学习和锻炼的作用与意义，真正体验到体育学习和锻炼对增进身心健康的好处；使学生认识到积极参加体育学习和锻炼，既是增进健康完成学业的需要，更是未来学习、就业的需要和提高生活质量的需要，要把个人兴趣和需要与国家和社会的体育要求结合起来。

4.2.2 根据女生特点，科学合理安排教学内容

体育教师应根据"体育与健康"课程的内容体系，充分考虑高中女生的体育兴趣，结合学校的实际可能，精选教材内容。如韵律操、健美操等，女生对节奏快、自然协调、富有艺术性的项目比较喜欢，它既能提高女生的学习兴趣，又能提高耐力，且项目本身不受人员、场地、运动量的限制。

对于灵敏和协调素质的教学内容应增加课时，这也是高中女生神经系统的特点所决定的。对于那些枯燥的运动技术，应采用启发、鼓励、循序渐进的教学方法及多样、多变、多层次的组织教法，并参与到学生中去练习，调动学生的积极性、主动性、创造性，进而增加学生对体育课的兴趣。

4.2.3 针对高中女生的生理、心理特点，对其进行生理卫生知识教育

可将男、女分班，单独为女生讲解生理卫生知识，使她们了解自我，消除顾虑，自觉参加体育锻炼。如针对月经期间，应讲述月经的产生以及身体的反映，针对体育运动的特点，指出适当的运动可以改善盆腔的血液循环，有助于排出经血，还可以调整大脑皮层的兴奋和抑制过程，减轻不舒适的感觉。体育教师要经常和学生进行交流，使学生真正了解体育课，减小女生对某些项目的恐惧心理，敢于大胆尝试。教师在教授新动作时，可将动作先分成几个部分，进行分解练习，让动作好的同学示范，吸引她们去练习，进而使她们体验到运动的乐趣和完成动作后的成就感，慢慢的也就喜欢上了体育课。

4.2.4 体育教师加强自身学习，及时充电

由于高中女生敏感、害羞、胆小，在做一些稍难动作时不好意思让男教师进行保护和帮助，针对这种情况，男教师一定要树立良好的形象，为人师表，以得到学生的信赖和尊敬。同时，要具备广博的知识，娴熟的语言表达能力，过硬的运动技术能力及现代化的教学手段，这样才能灵活运用体育教学手段及创新的教学模式，提高女生对体育课的兴趣，使学生在感觉新鲜、刺激、好玩的同时完成教学任务。如采用快乐教学模式（游戏法、比赛法），多媒体课件等。

4.2.5 使高中女生树立正确的体育锻炼意识

高中女生好静，不爱在室外活动，甚至有些女生利用体育课时间学习，为了在以后的教学中避免这种情况，应使学生树立正确的体育意识。要让她们注意正确的教学方法和科学合理的用脑；要让她们明白：体育锻炼不仅能促进身体的发育，还能调节大脑的兴奋和抑制过程，使大脑兴奋点转

移并得以调节，有利于提高学习效率，即 7 小时的学习加 1 小时的锻炼大于 8 小时的学习效率。

此外，体育教师应与家长积极配合，学校也要尽量给女生提供场地器材的方便。只要多方面密切配合，思想上取得一致，一定会取得良好的效果。

（参考文献见附录 Ⅱ）

基于核心素养要求下的系列探索研究

2016 年 9 月，教育部《中国学生发展核心素养》总体框架正式公布，学生发展核心素养主要指学生应具备的、能够适应终身发展和社会发展需要的必备品格和关键能力。随后，2018 年 1 月，教育部发布了《普通高中课程方案和语文等学科课程标准（2017 年版）》，首次凝练提出"学科核心素养"。教育部门"核心素养"概念的提出和"核心素养培养"相关策略的具体实施，说明不论是在日常教育还是面向高考，关注学生的"核心素养"与促进学生个性健康发展都是教育过程中至关重要的一项。不少专家学者认为：体育教育是学校教育的基石，做好体育教育，相应地才能发展德育和智育。如何在核心素养要求下，践行体育教育？依据课程标准和理论要求，结合教学实际，我研究并书写了一系列此类内容的论文，从个性发展的培育、课堂途径和方法的提升等方面，做以探索研究。

基于核心素养培育的高中体育课堂教学途径和方法

课题项目：本文系山东省德州市教学研究重点课题"基于核心素养培育的高中体育课堂教学研究"（课题编号：DZ2019zdb022）的阶段性研究成果。

摘要：2014 年 4 月，教育部发布的《教育部关于全面深化课程改革落实立德树人根本任务的意见》中提出："各级各类学校要从实际情况和学生特点出发，把核心素养和学业质量要求落实到各学科教学中。"如何落实好核心素养导向的高中体育课堂教学？基于核心素养培育的高中体育课堂教学途径和方法有哪些？是我们需要进一步思考的。本文旨在从培养高中生体育学科核心素养的目标出发，探索基于核心素养培育的高中体育课堂教学途径和方法，将理论指导与教学实践相结合，提高教学质量，提升学生的核心素养。

关键词：核心素养；培育；高中体育课堂；教学途径方法

核心素养是十八届三中全会以来党的教育方针的具体化，是串联高级中学教学理念、培养目标和教学实践的重要中间环节。核心素养回答了关于教育"立什么德、树什么人"的根本问题，是引领高中各学科教学改革和培养模式的核心思想。围绕核心素养培育，高中体育教学工作者应转变观念，找到现有教学模式存在的问题，构建以立德树人根本任务为出发点的体育课堂教学途径和方法体系。

一、高中体育教学核心素养的概念及基本原则

立德树人是教育的根本任务，核心素养培育就是以培养全面可持续发展的人才为核心，建立符合学生身心健康发展规律、社会人才需求、中华民族伟大复兴事业需要的培养体系。教育将核心素养分为文化基础、自主发展、社会参与3个方面素质，分别对应6个基本素质和18个素质要点。体育核心素养对应自主发展方向中的健康生活基本素质，细化为珍爱生命、健全人格和自我管理3个素质要点。核心素养培养体系建立的基本原则是科学性、时代性和民族性，科学性就是要坚持以立德树人根本任务为核心，以人为本为准则，遵循高中阶段学生的身心发展和教学一般规律；时代性就是要与时俱进，在教学中反映经济社会对人才培养和发展的新要求，使用新的教学理念和教学方法，教学成果要有一定的前瞻性；民族性就是体现民族自信和文化自信，大力弘扬中华民族优秀传统文化，突出培养学生的责任担当和本民族文化认同感。高中体育教学要围绕这3个素养要点和体育与健康学科核心素养进行定向设计，坚持3个基本原则不动摇，在培养目标、教学内容、教学方法和教学评价等方面进行有针对性的改革。

二、高中体育学科核心素养培育的重要意义

1. 有利于高中生的身心健康发展

高中体育的教学目标就是教会学生锻炼的基本方法，掌握身心健康的一般规律，能够形成参与全民健身、终身锻炼的社会意识。身心健康发展是学生可持续发展的基础，只有拥有强健的体魄和健康的心理素质才能应对来自升学、就业、生活的压力。核心素养中的珍爱生命和健全人格素质

要点就是针对身心健康发展进行定向培养的，珍爱生命核心素养可以帮助学生认识和理解生命意义，学会自我保护和运动方法，形成良好的健康行为习惯；健全人格强调积极的心理品质，教会学生调节和管理情绪的方法，培养学生的抗挫折能力。核心素养培育融入高中体育教学必然会提高身心健康发展教育的质量。

2. 提高全民健身运动的普及率

国务院和教育部出台了一系列有关全民健身体育法规和规章制度，旨在提高我国民众的身体素质。高中体育课程对全民健身运动有积极的促进作用，带给青少年健康的身心素质和科学的锻炼方法，通过体质测试等考核制度来提高这个年龄段人群的身体素质，帮助他们养成健身的良好习惯。体育学科核心素养培育进一步强化了高中体育教学的科学性，通过构建终身锻炼核心素质推动全民健身运动的顺利开展。

3. 提高教师队伍的整体水平

高中体育学科核心素养培育需要高素质的教师队伍来设计和实施。这就要求现有的教师通过理论学习和实践不断提高教学水平，在观念转化、教学设计、教学方法选择等方面下功夫，真正把核心素养培育融入日常教学工作。师范院校也要不断提高师范生的核心素养教育水平，为高中教育教学培养更高水平的师范毕业生。

三、高中体育学科核心素养培育现状

1. 教学目标落实不到位

课程教学目标是指导教学各个环节的预期目标和执行标准，教学目标设计并没有落实到核心素养培养是目前高中体育教学核心素养培育的主要问题之一。当前高中体育教学的教学目标设计对体育学科核心素养的体现不突出，大多仍在沿用以往的三维教学目标，即知识、方法和情感。体育学科核心素养并没有真正落实到教学目标等层面，这样就导致教学各个环节无法将核心素养培育落到实处。

2. 教学内容设置不合理

根据国家对高中体育课程设置的要求，体育学科相关课程应根据当地学校和学生的实际情况进行教学内容设置，追求的是教学目标的达成度而不是完全按照教材的教学内容来开展教学活动。体育学科核心素养培育的教学内容应包括学生可以接受的体育知识、锻炼技能和健康理念，但在实际的教学中教师大多注重体能和技术动作的训练，忽视了身心健康、运动常识、体育道德和竞技规则等教学内容。教学内容设置不合理就无法体现体育学科核心素养培育对学生身心健康和体育品德的培养。

3. 教学方法选用不恰当

体育学科核心素养培育对教学方法要求是要注重学生健康行为、健康心理、体育品德的培养，帮助学生掌握利用体育锻炼提高自身体质和陶冶情操的能力。实践证明，部分高中体育教师采用的教学方法较为单一，忽略了学生主动探索和思考解决问题的教学过程，普遍存在重教法轻学法的现象，学生的学习活动仅限于热身、分解动作练习、对抗练习等基础内容，思维能力训练相关的教学方法应用少之又少，这很不利于开展体育学科核心素养培育。

4. 教学评价体系不严谨

教学评价是对教学过程的重要补充，合理的教学评价体系会最大限度激发学生参与教学的积极性，能够帮助他们认识到自身的不足促进其核心素养形成。体育学科核心素养培育背景下的教学评价要求在原有量化指标基础上，要对学生的健康身心和体育道德进行评价。但在实际教学中这种评价大多是口头的交流得来，既不客观也不严谨，并不能作为学生评价的主要依据。

四、基于核心素养培育的途径和方法

1. 提高教师专业素养水平

高中体育任课教师是教学活动的设计者、组织者和实践者，在教育教学工作中起到了决定性的作用。高中体育教师要注重自身核心素养的学习，要做到为人师表，以高标准的师德师风准则要求自己。教师要立足自身做好专业知识和教育理论实践学习，通过培训、教育研讨、日常积累、教学科研等方式不断提高综合素质。深刻领会立德树人根本任务，用体育学科核心素养要求自己，把核心素养培育贯彻落实到教学目标、教学内容、教学方法、考核评价等各个教学环节。加强教育学和教育心理学的研究力度，阅读和学习相关教学理论和方法，参与教学科研活动，把最先进的教育理念和教学方法应用到教学实践中，提高核心素养培育质量。

2. 构建结构化教学内容体系

指向核心素养培育的教学应尽量挖掘教学内容的深度，丰富教学内容的广度，提高教学内容的高度，构建结构化内容体系。即研究教材，了解学情；围绕核心，拓展延伸；合理搭配，整体把握；由点及面，层层递进。使基于核心素养培育的高中体育课堂，走出"运动技术中心论"和"知识中心论"的桎梏，将动作技能的背景知识、实践知识技能融入教学过程之中，使学科知识与实践知识相互渗透、共同作用、知行合一。以体能模块为例，考虑到不良的身体姿态会对学生的动作表现、体质健康、运动能力、甚至心理健康等产生不好的影响，因此，可以将塑造良好体态作为一个单元进行教学，在理论方面，教会学生"常见的不良身体形态与姿势及形成原因"，"正确评估与筛查不良身体形态与姿势的方法"，"纠正不良身体形态与姿势的练习方式"以及"正确对待自己和他人的身体姿态和体能状况"。在实践方面，将纠正不良身体形态与姿势的策略与体能相结合设计教学内容，如用教师自编的韵律操代替传统的跑圈和徒手操。

3. 坚持课程立德树人教育

立德树人根本任务要求各阶段的教育都要建立全员、全程、全课程育人格局，要求各学科要在教学活动中渗透德育教育内容，即课程思政教育。在核心素养体系下，高中体育教学中融入课程立德树人有助于提高素质教育水平和学生的身心健康发展。例如在课程开始阶段组织学生集中整队，在体委带领下分组进行器材整理活动，每个小组分配的器材由该小组负责维护和回收，培养学生的责任担当精神；在热身环节用篮球操练取代传统的跑圈和徒手操环节，教师带领学生以小组为单位进行节奏感较强的韵律动作热身训练，培养学生集体主义精神和规矩意识；在理论学习阶段通过播放我国运动员赛场争金夺银录像来分析和讲解技术动作和运动规则，潜移默化中引导学生加深体育核心素养的认识和民族自豪感；在综合训练环节可以通过对抗比赛的形式，指派学生做裁判，要求学生遵守游戏规则，树立公平公正意识，学生在集体荣誉感的趋势下也会全身心地投入课堂教学中来。

4. 创新和不断丰富授课模式

教学改革活动要想成功就必须调动学生的学习积极性，让他们有主动学习、自主学习的兴趣，这样才能有效提高课程参与度。教师在教学内容设计的基础上，要将新的教学模式和教学方法引入课堂教学，努力提高学生学习积极性。例如在讲解短跑技术动作时可以将高水平竞技比赛的视频作为课堂预习作业，让学生观察专业运动员的技术动作特点，在课上讲解时学生印象会更加深刻；利用信息化手段布置课下作业，要求学生录制完成体育锻炼或其他运动的视频并上传教学平台，此举在新冠疫情防控期间已成为体育课程教学的一种常见教学模式；在团队项目中鼓励学生全员参与，扮演运动员、裁判、教练、主持人等各个角色，让学生身临其境感受体育运动的运作模式，引导学生去探索和掌握更多的体育相关知识。

5. 帮助学生形成终生锻炼习惯

核心素养的意义就在于培养学生的自主学习能力，体育锻炼除了是课程教学还是一种生活习惯。在日常教学中教师应引导学生认识到身心健康的重要性，帮助他们形成良好的体育锻炼习惯。教师可以借助一些技术手段来督促和监督学生进行体育锻炼，例如校园跑APP、钉钉作业等，让学生完成一定量的短跑、健身动作、分解动作后拍照或定位提交作业，在此过程中学会锻炼方法的同时形成终生锻炼习惯。

四、结语

在高中体育教学中落实体育学科核心素养培育要做到细化培养目标、科学设置教学内容、优化教学方法和完善教学评价体系，要求教师给予足够的重视，要求学生了解核心素养的基本内涵和重要性。教师要转变观念，明确教学目标，优化教学环节，实现体育学科核心素养培育的培养目标；学生要积极进行教学活动，根据自己的兴趣参与体育锻炼，增强体质的同时形成正确的价值观。

（参考文献见附录Ⅱ）

"核心素养培养"背景下高中武术课堂优化研究

课题项目：本文系山东省德州市教学研究重点课题"基于核心素养培育的高中体育课堂教学研究"（课题编号：DZ2019zdb022）的阶段性研究成果。

摘要：随着我国教育部门"核心素养"概念的提出和"核心素养培养"相关策略的具体实施，广大师生对于"核心素养"及其培养的价值与功能有了全面科学的认识，在一定程度上，教育的本质与根本任务在于培养和激发学生的"核心素养"。在我国现行的学制中，高中阶段既是非义务教育的起始阶段，又是学历教育的关键准备阶段，受学生身心发展、社会的要求等方面影响，高中教育具有十分鲜明的时代性与社会性特征。武术又是我国的基本国粹，对于提高青少年身心健康水平、体育情趣与爱国情怀等具有无可替代的重要作用。在"核心素养培养"现实社会背景下，我国高中武术课堂将不断优化，而这种优化的高中武术课堂又将对高中生"核心素养"的培养带来全面有效的反哺作用。

关键词："核心素养培养"；高中武术课堂；优化研究

1. 前言

2014 年，教育部颁布了《关于全面深化课程改革落实立德树人根本任务的意见》这一指导性文件，强调中国学生应当注重发展核心素养，认为发展核心素养是落实立德树人根本教育任务的重要举措。政策出台以后，教育部组织专家学者积极探索文件的核心精神与要义，同时各级教育管理部门真抓实干，接地气地通过各种实践行动如出台地方政策等有效促进了广大学生尤其是中小学生核心素养的提高。然而，受传统教育思想和应试观念的影响，我国广大学生尤其是高中学生核心素养培养思想观念的更新以及实践行为的全面实施必将是一个长期和复杂的过程。在这一过程中，体育既是高中学生核心素养培养重要的内容，又是调节与缓冲应试教育种种顽疾的重要方法与策略。因此，对于高中学生核心素养的培养而言，校园体育改革与建设具有无法替代的重要作用。

武术是我国的基本国粹。武术既能有效增强高中学生的体质健康水平，有效防治和抑制高中学生灵敏性、协调性和反应能力的退化，同时能够有效彰显国民的精气神，是我国传统文化传承与发展的重要方法与过程。我国高中武术课堂的优化，既是对高中学生核心素养培养的诠释，又是对传统应试行为的缓冲与调节，将为我国广大高中师生核心素养培养思想价值观念的更新与进步注入全新的生机与活力，对于我国高中学校体育改革和校园体育文化建设具有十分突出的理论与现实意义。

2. "核心素养培养"背景下高中武术课堂优化的具体作用分析

在核心素养培养思想观念的引领与映照下，教育管理部门、中小学领导、全体学生乃至学生家长对于素养与素质的区别、核心素养与一般素养等核心概念已经有了客观具体的认识。素养不同于素质，素养的关键在于过程，在于培育，在于逐步形成。在高中学生核心素养的诸多内容当中，体育素养又是最为基础、最为重要的素养。体育素养是在运动的、动态的过程中有效形成的，是在学生学习兴趣、态度与能力不断提升过程中逐步形成的。武术作为基本国粹，多年来，以其"精气神"的内敛、攻防转换的技击含义、寓健身娱乐和竞赛表演及市场开发与运作为一体的综合效应，通过学校教育、网络传媒、家族和代际传承等方式影响着一代又一代青少年学生。高中时期作为世界观、人生观、价值观形成的最关键阶段，利用武术素材培养和夯实其核心素养尤其是体育核心素养具有普适性和针对性效应。在全面有效培养高中学生核心素养的全新理念下，高中武术课堂从内容到形式和方法策略等均将迎来全面的改革变化，专家和学者对这一领域的探索必将持续有效地进行。

2.1　当前我国高中武术课堂教学面临的主要问题与不足分析

在传统应试教育思想观念的辐射与影响下，我国很多高中武术课堂存在形式大于内容，教学过程以点带面，忽视武术教学的客观规律，缺乏高中武术教学形成性评价及积极有效的监督等问题。因此，即使我国各大体院和师范院校体育专业乃至一些综合性大学均设有民族传统体育专业，分配到全国各地高中的武术老师也较为全面系统地掌握了武术基本内容、方法与教学体系。但在教学实践中，武术教学依然没有得到很好的落实，教师的积极性、主动性仍然没有被充分调动起来，教师与学生双边互动严重脱节，不利于更进一步夯实武术人才基础，升华武术教育价值。在这种被动格局下，核心素养培养的相关理论与方法，将为高中武术教学不利局面的破除迎来犀利的思想武器，拓展浓郁的价值空间。

2.2　"核心素养培养"相关政策给高中武术课堂改革带来的契机分析

随着"核心素养培养"各项相关政策与措施的出台，中小学体育尤其是高中体育教学将面临诸多的机遇与改变。我们已经清楚意识到核心素养的形成并非所谓真理和"指挥棒"，只是教育认知领域的启迪与拓展。在这种启迪与拓展的过程中，体育课程的地位、教学内容的凝练、教学方法与手段的更新等均将发生质性的提升。武术教材正式顺应这一趋势与潮流而"重获新生"，成为高中学生三观形成以及核心素养尤其是体育核心素养培育当中极为重要的教材内容、方法与手段。同时，核心素养培养的相关思想价值观念与各项出台的相关政策和措施，将为武术教师的重要地位做名正言顺的"代言"，从教育管理部门、决策部门，再到高中体育和武术教学的相关领导、再到一线武术教师，必将"万众一心，众志成城"，全面形成合力，对传统的高中武术教学进行根本性的变革，绝非细枝末节的简单修改。经过调整与修正，高中学生对于武术项目的来源、价值意义、具体内容与方法等的认识将会更加深刻，学习和练习的时间将会更加宽裕，场地和器械将会更加舒适，学生学习和练习的积极性主动性将会大大增加，教师的主动作用和学生的主体作用将会得到充分展现。

3. "核心素养培养"背景下我国高中武术课堂优化的整体思路与策略分析

在正确面对我国高中武术课堂教学存在的问题与不足的前提下，在"核心素养培养"相关政策和举措的引领下，我国高中武术课堂必须进行大规模的改革与调整，从教学内容的选择到课堂形式的演变再到学生核心素养的形成与提升，均应当在思想上和策略上予以高度重视。

3.1 "核心素养培养"相关政策背景下我国高中武术课堂优化的整体思路分析

在"核心素养培养"相关政策和举措的引领下，我国高中武术课堂教学既要根据高中学生处于三观形成关键阶段的身心特点，在武术教材选择和课程组织当中充分进行传统礼仪、尊师观念、勤奋励志、刻苦钻研等思想价值观念的传递与渗透，同时，教学过程中教师应当注意讲解和示范的大体端庄美，套路演绎的协调美，传统精气神和攻防转换的震撼美，手眼身法及其变化的灵活协调美，竞赛表演价值空间提升的展示美。总而言之，在"核心素养"培养大前提大背景下，高中武术课堂教学改革的整体思路是朝着科学化和普适性的方向迈进。

3.2 "核心素养培养"相关政策背景下我国高中武术课堂优化具体策略分析

在对"核心素养培养"背景及其相关政策的实质、主题、内涵以及这一大前提大背景下我国高中武术课堂面临的机遇与挑战、存在的问题与不足、整体改革思路等命题有清晰的认识之后，我们便能够"顺藤摸瓜"式地明确我国高中武术课堂改革与建设的具体策略，包括发挥政策引领作用、注重内容和方法建设、注重多种资源的整合与灵活运用等方面。

3.2.1 注重政策的价值导向和引领作用

政策的活的灵魂与生命力在于价值宣传与渗透，在于引起社会各界的广泛关注与价值共鸣。"核心素养培养"相关政策的出台，使教育管理、决策和执行部门以及社会各界对于我国学校教育、义务和非义务教育、学历教育等的本质和价值根源、价值深化等命题有了更为清晰的认识。各教育职能部门、媒介和其他社会各家在履行相关责任和义务过程中势必目的更加明确、态度更加坚定，在此前提下，对既定的方法和手段进行适当调整，我国高中武术课堂教育势必沿着科学正确的道路大踏步前进。政策的宣教带来的是高中武术课堂教育无限生机与活力，这种生机与活力的充分彰显，势必对政策的调整与深化具有良好的反哺作用，促进全面教育和全面核心素养培养思想观念的有效形成。

3.2.2　注重课程内容、思想与方法的建设

课程改革与建设的关键点和着力点在于内容的重审、思想的统一以及方法的革新。鉴于我国之前的高中武术课堂教学与改革存在的诸多问题与不足，及其负面作用的种种迹象与端倪，高中武术教材要想真正起到促进学生核心素养形成的作用，必须在基本功训练、套路演绎等方面进行科学有效的简化，同时应当充分注重现代教育设备与手段的综合运用，充分发挥学生视觉和听觉的联合效用，促进最佳学习和练习效果的形成。同时，教学思想必须足够包容，足够开放，更加注重师生双边的互动，更加注重师生双方的相互尊重，同时营造更为舒适的教学环境和空间，教学场地板报与画廊等进行足够充裕的武术人文价值传递，耳濡目染当中凝练和提高师生的思想共识。并且，在教学实践中，随着"核心素养提升"思想观念日益深入人心，我国高中武术课堂的改革，对于学生思想的洗礼远比对于训练多少基本功、教授多少基础性技术动作和难度动作更加重要。在有效缩小学生与教师在思想、技术与能力等方面的这一环节，要求教师不断提升自己的亲和力与说服力，以武术的项目魅力结合教师自身的人格魅力促进高中武术课堂改革的有效推进。

3.2.3　注重各种教学资源的合理整合与灵活运用

在"核心素养培养"大背景下，在高中武术教学和练习实践中，武术

教师和教练员应当注重多种方法的灵活运用，切忌呆板单一。应当注重各种教学资源的充分整合，并最大限度发挥其综合效应。在这一过程中，首先要求学校体育相关管理人员和学校领导对于武术教学以及夯实教学基础的课间武术活动开展等实践形式予以高度重视，给武术教师足够的重视与人文关怀，充分调动其教学改革的主动性与创造性，同时利用当前的网络、设备和媒体等各方面要素，利用社会和文化管理部门对于武术项目的高度重视与积极宣传，利用民族文化传承和"核心素养培养"相关政策与文件的推动和促进作用，积极认真进行高中武术课堂教学改革研究和讨论，集体助力高中武术课堂在内容上、形式上和教学实施上均呈现科学、适用等方面的特点，并通过高中武术课堂的示范和引领作用，使其成为我国中学体育教育巍然屹立在世界东方的一道最为亮丽的风景线，也有效增强我国学校体育在世界范围内的话语权。

3.2.4 注重发现问题和解决问题能力的提升

在培养高中学生的武术素养过程中，要始终明确一点，即学生是教学的中心和重心，在武术教学的过程中，重要的教学目标为提升学生自主学习的能力，还有让学生不断在自己进步的过程中增加体验感和收获感。武术教师要注重通过合理设置课前学习任务，让学生在课前体验武术的魅力，同时，武术教师要根据每节课堂的主要教学任务，以及学生学习的实际情况，设计出合理的教学目标，让学生既不会轻易达到，也不会产生望而却步的情形，让学生饱含兴趣在课堂上完成武术学习，在学习的过程中找到自身在武术学习上的问题。高中武术的各个具体项目均可供学生在课前充分预习，学生在预习的过程中发现问题，在课堂上学习具体武术动作的过程中就会携带问题，这样学习的效率将会显著提升，学生的体能也将得到训练。在这一过程中，学生分析问题并且在实践中解决问题的能力将会得到提升。

3.2.5 注重利用信息技术提高学生的运动认知能力

高中武术教师在开展武术教学的过程中，可以充分利用信息化技术，比如利用智能移动终端将学生的武术练习动作拍下来，然后通过回放，让学生明白自己的动作问题出现在哪。同时，武术教师还可以利用智能移动终端播放视频教学资料，让学生能够更加直观地了解每一项武术动作的具体操作，这样以往抽象的武术动作将会更容易学生理解。此外，教师充分利用信息化技术教学，有利于对课堂所教武术内容的各个动作进行精细化分析，在此基础上，根据学生的基础和接受能力，制定出细致入微的教学方案，争取起到更好的教学效果。

3.2.6　注重多元评价提升学科核心素养

在高中武术课堂上培养学生的武术核心素养需要考虑到方方面面，其中一项极为容易忽视的要点便是学生学习成长情况的记录，这是一种隐形的素养，也是一种难以量化的素养。高中武术教师在教学的过程中要做好评价工作，还要做好学生的成长记录，并且将两者结合起来，这样有助于让评价的过程更为细化，相应的武术核心素养的培养目标也将被细化，细化之后的目标和评价有助于学生在学习之后开展自我评价，不断总结自身在武术练习上出现的问题，并在不断解决问题的过程中提升自己的武术锻炼能力。高中武术教师要在课堂的各个环节都注意学生的引导，在评价学生武术学习情况的过程中以成长记录的方式进行。由于高中武术教师在最后教学评价的环节将学生的成长记录引入这一工作，目前仍处于起步阶段，因此，经验不足难以避免，隐形武术学科核心素养的细化还需要不断从实践中获取经验和教训，不断优化和补足，最终更有利于学生的发展。

4. 结束语

总之，在"核心素养培养"相关政策背景下，学校体育改革与建设将迎来全新的契机与挑战。武术运动以其全面丰富的价值内涵，势必成为核心素养培养与形成的关键教材。鉴于高中学生三观形成的关键阶段及其身心发展的特殊阶段，高中武术课堂将在"核心素养培养"背景下得到全面有效的内容深化与价值升华，课程改革将朝着科学化普世化的方向迈进。在高中武术课堂教学实践中，我们应当注重政策的宣教与引领作用，注重课程内容、思想与方法的建设，注重多种资源的合理整合与灵活运用，注重提升学生发现和解决问题的能力，注重利用信息技术提高学生运动认知能力，注重多元评价提升学生核心素养，促进高中武术课堂成为我国学校体育亮丽的风景线，增强我国学校体育在世界范围内的话语权。

（参考文献见附录Ⅱ）

基于核心素养培育的高中体育课堂教学研究

摘要：核心素养教育是十八大以来党的教育方针的具体化，是连接素质教育教育理念、立德树人根本任务和满足社会对人才需求的重要中间环节。高中体育课堂教学就是要帮助学生构建适应终身发展和社会发展需要的身体素质和心理素质。本文分析了核心素养教育的内涵和其在高中体育教学中的具体表现，研究了体育核心素养理念下开展高中体育课堂教学改革的策略和方法。

关键词：高中体育；核心素养；身体素质；心理素质；课堂教学研究

1. 核心素养的内涵

2014 年，教育部印发了《关于全面深化课程改革落实立德树人根本任务的意见》，是我国各级教育教学机构开展教学工作的纲领性文件。核心素养的概念源于我国多年来的教育教学改革研究和实践的积累，是在不断探索素质教育手段和为社会培养可用之才的过程中得出的宝贵经验。在明确了立德树人教育根本任务的基础上，核心素养的提出也代表了国家和社会对教育工作者的具体要求，核心素养的概念涵盖了学生的德、智、体、美、劳等多方面的素质，如价值观、人生观、身体素质、心理素质、学科知识、实践能力、交流能力、法律意识、社会责任感等等。

与核心素养相关的另一个重要理念就是终生教育，也就是在离开学校和学习环境后，被教育者要具备适应岗位需要、解决生活实际问题、科技研究、创新创业等没有在学校和书本上学习过的知识和技能水平。核心素养的内涵就是在教学内容和教师知识范畴之外，让学生去构建自己的知识技能体系，并具备自学和创新的能力。核心素养教育是素质教育的最新成果，不仅可以提高教学质量，还能调动学生的主观能动性，去主动学习和创新创业，实现立德树人的教育根本任务目标。

体育学科素养是指通过体育课程学习而形成的能力、素养和品德的总和，具体体现为用已学知识和能力来实现更加系统、科学和有效的技能训练和价值观念形成。高中阶段的体育学科素养包括运动能力、健康行为和体育品德3个方面，这些素养的形成有助于学生在日常的工作和学习中逐步提升核心素养。体育学科素养与体育核心素养是互相促进的关系，也都是素质教育重要的组成部分。体育核心素养体现了学生在体育教学中的学习成果，包括体育知识、运动能力、身心健康、体育锻炼能力等，获得这些学习成果的最有直接方式就是体育课堂教学。

2. 体育核心素养在高中体育课堂教学中的具体表现

体育核心素养是体育课堂教学的教学主体内容，包括了体育运动的知识、技能、过程、方法以及情感态度等具体内容。在高中体育课堂教学中，可以概括为以下3类具体表现。

2.1　运动认知能力

运动认知能力是指对体育健身知识、竞技体育技能和相关身心健康理论的学习、评价和转换技巧。学生在高中学习期间参与体育教学活动，最重要的学习目标就是进一步加深义务教育阶段对于体育运动的理解和感悟程度，认识到体育健身的重要作用并积极参与其中。高中体育课堂教学要突出运动认知能力的培养，要调动学生的学习积极性，通过团队协作、对抗比赛等形式来提高学生体育运动的参与度和认同感，让他们知道体育对身心健康的重要作用，这样在今后步入社会学习和工作时就会有主动健身和保持身心健康的意识。

2.2　健身实践能力

健身实践能力是指学生通过高中阶段的体育课堂学习，可以通过完成特定的体育锻炼任务掌握体育项目的基本规则、技术动作、对抗能力和持续健身的能力和方法。体育课堂教学应依据体育课程标准提炼出符合健身实践能力培养的教学内容，如球类运动的规则、技术动作等，这些知识和技能的学习一方面可以帮助专业院校培养体育竞技人才，另一方面也是全民健身普及的重要举措。

2.3 社会适应能力

社会适应能力是指学生在体育运动中对身体、心理和团队协作的适应、控制和调节能力。社会适应能力培养的具体体现是对体育健康知识和行为的学习，如运动中的自我保护、健身的作用和技巧等。学生在高中体育课堂中学习这部分知识，除了可以在学习、比赛和工作中保护自己之外，还能明确身心健康的标准和调节方法，避免不当的体育锻炼活动对自己和身边人造成伤害。

3. 体育核心素养理念下开展高中体育课堂教学改革的策略和方法

3.1 提升体育教师的教学水平

体育核心素养教育的开展离不开一线教学工作者的认可和实施，还需要采用有针对性的多样化教学手段才能充分调动学生的学习积极性，以达到理想的教学效果。体育教师在高中课堂教学中起到了主导性的作用，教师自身的核心素养水平也直接影响了课堂教学的质量。因此要进行体育核心素养理念下开展高中体育课堂教学改革，就必须要提高教师队伍的核心素养水平。首先，教师要转变观念，认识到体育教学的重要性，严格执行学校安排的教学活动，主动开展体育运动项目的学习、练习、比赛和考试等工作，让学生认识到体育学习的重要性；其次，学校也要做好宣传和培训工作，根据自然班数量招聘足够的体育教师，教师的专业技能也要尽可能的涵盖高中体育教学项目，定期组织教学研讨活动，鼓励教师参加继续教育学习、优质课比赛等；最后是高中体育教师在开展教学活动中，要注意突出核心素养相关的知识和技能，可以对这部分内容进行重点讲解和考核，让学生认识到体育健身的重要性。

3.2 教学活动要体现身心健康教育知识

高中体育教学是帮助学生养成体育锻炼良好习惯和掌握身心健康标准

的重要教学活动。社会对高素质人才的要求中，是否具备良好的身体素质和心理素质是一个重要的衡量标准。高中体育教学除了体育项目的基本知识外，身体健康标准、健身锻炼方法和心理健康调节方法的学习也是必不可少的内容。比如教师可以在课堂上介绍目前我国全民健身计划的开展情况，列出身体健康的标准和测量方法，学生就可以联系实际来进行有针对性的体育锻炼。在课堂教学中，教师可以通过布置教学任务来增进同学之间的感情，这也是心理健康教育的具体体现。比如在学习短距离跑步时，可以安排学生组成接力队伍进行对抗练习，教师讲解规则和技术要领，由学生组成队伍自行进行训练和比赛，在交流过程中增进彼此之间的友情。

3.3　加强体育课堂中对学生体育情感的培养

高中阶段学生体育核心素养的形成，离不开体育情感的作用，课堂教学要从加强体育情感方面下功夫，提高学生的课堂参与积极性。经过多年的教学实践观察可知，不同年龄、性别、家庭背景的学生对体育教学内容的学习兴趣有较大差异，部分学生有兴趣积极投入体育活动，课下也喜欢观看和参与体育赛事活动，这部分学生在高中体育课堂中的表现是十分积极的；还有部分学生对体育活动缺乏兴趣，课堂教学环节的参与度较低，部分学生还因为身体、心理原因对体育课堂就有较大的抵触心理。对体育教学截然不同的情感表现，必然在体育锻炼中有较大差异的表现，高中体育教师必须注重在课堂教学中对学生体育情感的培养，这样才能最大限度提高课堂教学质量。

高中体育课堂的情感培养其目的就是提高学生的学习兴趣，让他们感受到体育的魅力和参与体育活动的乐趣，这对于帮助学生构建自身的体育核心素养有着非常重要的意义。在实施体育情感培养的过程中，教师要首先对学生的基本信息、爱好兴趣、家庭背景等情况进行充分了解，结合教学内容进行课程重新编排，让课堂教学内容尽量符合大多数学生的体育情感需求。在高中体育课堂教学过程中，可以在知识讲解、技术示范、对抗训练等环节加入具有观赏性、趣味性和游戏性的互动环节，如观看体育赛

事、小组竞赛等。

4. 结语

学生核心素养的养成离不开课堂教学，高中体育教师应不断通过学习、积累和调整等方法来努力使得课堂教学向社会的人才需求靠拢。高中体育课堂要真正的开展，在教学组织、教学内容、教材、评价机制等方面进行改革，引导学生去认识身心健康的标准和全民健身的重要性，这对于提高我国下一代的身体素质和心理素质有很重要的意义。

（参考文献见附录Ⅱ）

聚焦高考　体育特长生培优策略的改进探讨

高考，对于莘莘学子而言至关重要。为了加深全市高中体育教师对新教材的理解，促进体育高考特长生的培养，2019年10月21日，德州市教育科学研究院举办了高中体育与健康教材培训暨体育专业高考研讨会，我受邀参与研讨。

此次培训研讨会上，专程邀请了北京市东城区教师研修中心教研员、市级学科带头人海汶老师做精彩的体育与健康新课程解读。海汶老师先从学校教育现行政策、学校体育现实困境、学校体育思考、学校体育理性定位四个方面引导教师理解新教材的理念，明确了基于核心素养的教学目标，建立以学习为中心的课堂教学关系。随后，他分析了高中体育与健康课程选项教学的课程结构、前期准备、常见组织形式和注意问题，并以篮球选项教学为例介绍了基于核心素养培育下的选项教学该如何实施，同步讲解了关于体能的有关知识。

在随后举行的体育高考研讨会上，各位与会老师积极交流，纷纷结合高考政策改革，结合自身经验，交流如何改进培优策略。武城二中的庞老师针对体育高考政策的改革，提出了应对策略。对体育队的筹建、训练时间及内容安排、管理和存在的问题进行了详细的介绍。他提到，训练时间务必合理，同时要结合每位学生的实际进行内容安排，这样才能最大化保证体育队训练成果。

临邑一中的盛老师，曾带领培养多位体育特长生考入名牌大学，他分享经验时表示，一定不要对高考中可能出现的细节问题掉以轻心，"细节决定成败"，他还对高考中出现的细节问题给出了切实可行的解决方法。

平原一中的黄老师则结合实例讲述了体育特长生培养过程中的问题及建议，并从专业的角度讲解了运动损伤的危害及如何预防。

听完其他同仁的分享，我感触颇深。我拿出宁津一中近三年的体育高考数据，利用数据，结合培养实际，认为影响体育特长生的培养因素是多样的，相对应的，也可以从以下几方面做好培优工作：首先一定要从学生实际出发，依据学生的兴趣、能力和特长来合理组建队伍；其次，一定要随时随地关注高考的变化，不断研究，做好相适应的体育特长生培养工作；最后，还要关注学生心理，督促与鼓励相结合，助力体育特长生发展。

关于体育高考特长生培优策略的探讨圆满结束，最终达成一致，各学校可从以下几方面予以发力，做好新形势下的高考体育特长生培优工作：

一是各学校要结合实际，立足基础抓特长。二是坚持质量优先，不盲目追求数量。三是以兴趣为出发点，合理分流学生。四是加强研究，不断适应高考变化。

以专家为示范　谋高效体育课堂未来

集体是力量的源泉，是智慧的摇篮，在互相交流、相互探讨中，老师总能收获颇多。而专家教授则是每位体育老师前行路上的指路人，他们的丰富经验和闪亮观点，总能帮助每位老师答疑解惑，明确方向。

2020 年，德州市高中体育教师教育教学能力培训举行，会议邀请了山东省中小学教师远程研修省级专家吕兵文老师以及费发洲、赵林楷两位省内知名专家莅临授课，德州市教育和体育局相关负责人、教科院体育教研员孙立国老师、周靖老师，以及来自德州市 29 所高中的 109 名体育教师参加了会议。

开班仪式上，德州市教体局四级调研员朱军同志强调了学校体育教学、训练工作的重要性，充分肯定体育教师的付出与努力，并向体育教师们提出了殷切的期望。德州市教育和体育局青少科副科长王盛波同志则对参训教师提出了相关要求，要求培训教师严格遵守八项规定，遵守党校及培训班的各项规章制度，严禁私自外出等。

培训会上，威海市文登区葛家中学正高级教师吕兵文老师以《操场上的诗与远方——谈体育老师的专业素养提升》为题进行讲授。他结合自己的亲身经历说明了教师专业成长的途径，即要将"教学、训练、科研"相结合，以科研促教学，以科研促训练，以科研促发展。在教师的成长道路上，可以通过具体的课题案例启发自身"多看、会听、勤想"，善于发现问题，思考解决的方法，并创新思路形成自己的理论。

曲阜师范大学体育教学部费发洲教授进行了讲座《民族传统体育——太极与学生体育核心素养提升》。费教授将理论与实践相结合，在理论部分，深入浅出地讲解了武术的礼仪、抱拳礼的涵义、高中学生体育核心素养发展的基本内涵，重点讲解了体育核心素养提升的方法。在实践方面，费教授从演练动作的攻防技击性入手，采用生动形象的语言、口诀，结合各种示范教授给老师们太极十三式，引领老师们深刻理解中华传统优秀文化武术的内涵和教学方法。

烟台市教育局体卫艺科赵林楷主任则以《高中体能模块的结构化构建和实施》为题进行授课。赵主任结合工作实践说明了体能的重要性，引导参训老师们从学生、家长关心的健康问题入手，获得家庭、学校对学生健康问题的重视，进而想办法改变学生的不良健康状况。他还通过具体的实例，详细讲解了高中体能模块的结构化构建和实施，让人深刻意识到：在体育教育过程中，一定要通过科学的锻炼方法提高学生的体能。

德州市教科院体育教研员周靖同志激励老师们：要做一个有教育教学情怀，有理想信念，不断钻研专业知识的体育教师；要以目标为引领，以问题为导向，不断改进思路方法；要努力学习，勤于积累，善于发现，不断创新，及时总结。只要踏实教学，勤学笃行，定会成为一名优秀的体育教师。

培训专门设置了参训教师集体研讨环节，老师们一起探讨交流，大家就学习收获、课堂教学、运动训练、运动损伤及处理等方面纷纷发表了自己的看法，在思想碰撞中解决了教学中的困惑。

以专家为引领，谋高效体育课堂未来，通过不断培训、探讨、学习，我们也在体育教育之路上走得更专业、更顺遂。

团队共进 贡献体育教育力量

"一花独放不是春，百花齐放春满园"。一直以来，我的进步都离不开诸多专家和前辈老师的指导和帮扶，没有他们，也就没有我的现在。团队的力量是巨大的，体育教育事业发展的必须依赖高素质的体育人才，在日常工作生活中，我也竭尽所能，坚持继承和发扬这种优良传统，散播教育温暖，传递教育情怀。

在学校内，我认真参与并完成"师徒帮扶"工作，指导年轻教师参与各项竞赛、比赛，帮助他们成长和取得优异成绩。学校之外，2021年，我入选为山东省高中体育与健康特级工作坊成员，并成为山东省高中体育与健康特级教师德州市分坊负责人。作为省工作坊成员和市工作坊主持人，我在珍惜身份的同时，非常感激这份认可，也异常珍惜在这样的教师专业成长平台努力奉献和学习的机会。我认真学习，在山东省高中体育与健康特级教师工作坊主持人楚晓东教授的信任和指导下，承担着一些省工作坊的总结、宣传任务。我将始终努力，不断提升自己，进一步为搭建体育教师专业成长平台贡献自己的力量，助力"体育强国"。

牢记使命 扬帆起航

2021年11月27日，"山东省高中体育与健康特级教师工作坊启动仪式暨专题培训会"线上会议成功召开。青岛科技大学副校长吕万翔及教务处、体育学院负责人，高中体育与健康特级教师工作坊主持人、导师及16位核心成员，各地市群组成员共计120余人参加了会议。

启动仪式后，特级教师工作坊主持人楚晓东教授主持了专题培训会议，此次培训内容包括：专题讲座、专家报告、典型发言、分组讨论、大会交流等，深入的学习令人受益匪浅，使我更加明确了学校体育是实现立德树人根本任务、提升学生综合素质的基础性工程，是加快推进教育现代化、建设教育强国和体育强国的的重要工作。在新时代教育强国、体育强国、健康中国建设背景下，我们要始终保持终身学习的态度，以专家为引领，加强实践，为推动青少年文化学习和体育锻炼协调发展、促进青少年健康成长、培养德智体美劳全面发展的社会主义建设者和接班人做出更大贡献。

专题讲座 明确学校体育工作根本任务

培训会上，楚晓东教授解读了中共中央办公厅、国务院办公厅2020年印发的《关于全面加强和改进新时代学校体育工作的意见》，说明了该《意见》是在新时代教育强国、体育强国、健康中国建设背景下，推动教育现代化进程的重要文件。深入分析了《意见》规格、核心、总体要求等，强调学校体育是实现立德树人根本任务、提升学生综合素质的基础性工程，是加快推进教育现代化、建设教育强国和体育强国的的重要工作，对于弘扬社会主义核心价值观，培养学生爱国主义、集体主义、社会主义精神和奋发向上、顽强拼搏的意志品质，实现以体育智、以体育心具有独特功能。

他建议，各地各部门在落实该《意见》时，要联系近年来有关教育、学校体育和青少年体育方面的政策文件认真领会《意见》精神，结合本地实际，以改革创新为驱动，以机制体制建设为根本，以推进治理现代化和提升治理能力现代化为目标，将全面加强和改进新时代学校体育工作摆上重要议程，大力加快推进，为推动青少年文化学习和体育锻炼协调发展，促进青少年健康成长、锤炼意志、健全人格、培养德智体美劳全面发展的社会主义建设者和接班人做出更大贡献。

典型发言 带动专业成长

山东省济南第七中学特级教师孙红霞老师分享了她的工作经历和专业成长历程，讲述了一名特级教师的成长故事。孙红霞老师是中学正高级教师，曾获得过山东省特级教师、山东省教学能手、山东省教学技能能手、济南名师、健美操优秀教练员等荣誉，是山东省的惠才卡、济南市高层次 C 类人才，也是山东省教科院体育与健康兼职教研员，山东省中小学远程培训项目专家，山东省体育与健康扶贫项目专家，山东省体育教学研究专业委员会理事。

孙老师从工作的点滴入手，结合个人工作案例，从体育教学、业余训练、课题研究等六个方面细致全面地讲述了她从教 30 年如何从一名普通的体育教师成长为特级教师，即一要立足体育教学，做到追求高效课堂、引领自觉运动；二是潜心学校业余训练，做到克服困难不辱使命；三是注重案例积累、校本、课题研究，做到嘴勤、脑勤、手勤；四是建立课程大思维概念，做到了解课程架构，落实课程标准；五是与时俱进、不断提升专业素质，做到丰富专业技能；六是领导支持、团队协作。她鼓励教师不要觉得优秀是高不可攀的，千里之行始于足下，只要从教育的小事做起，利用好特级教师工作坊这一平台，立足教研，踏踏实实，一定会有所收获。

日照第一中学特级教师秦四建老师做了《砥砺前行 不忘初心 我的特级教师成长之路》的经验分享，秦老师曾先后荣获日照一中首届十佳青年教师、感动一中十大人物、市青年知识分子标兵、日照市有突出贡献的中青年专家、省体卫艺教育宣传先进个人、省特级教师、全国群众体育先进个人等荣誉称号。

秦老师表示，自己从市教学新秀到市教学能手、市学科带头人再到省体育教学改革骨干教师，一切成长皆源于对梦想的执着，对教育的热爱，对职业的坚守。他始终以优秀党员的标准，以党章党纪要求自己，不断增强党性修养。

多年来，他始终扎根一线，倾力为日照一中打造篮球品牌；勇于担当，努力为日照体育发展贡献力量；创新教研，全力为自身专业发展加油赋能。他用用行动践行着教育初心使命，用担当彰显教师本身，用关爱诠释师者仁心。

精准部署 发挥工作坊主持人的学术带头引领作用

特级教师工作坊主持人楚晓东教授随后对工作坊三年规划进行了部署，主要包括目标设计、课题研究、培养活动、形成成果四大方面内容。旨在通过线上视频会议、教学研究活动、走访调研各市体育与健康课程开展情况、公益直播讲堂等一系列活动，发挥工作坊主持人的学术带头引领作用，提升高中体育与健康工作坊团队在教学方法、课程建设、团队建设、科学研究和示范效应等方面水平，把本工作坊建设成为山东省内有特色、有亮点、有成效的工作坊，在国内有一定影响力、有一定示范效应的高中体育与健康工作坊。

交流探讨 建立教师成长共同体

随后，我作为德州地区工作坊负责人，组织本市群组成员进行了讨论，并对分组讨论情况进行了大会交流。交流中，大家纷纷表示，将按照省工作坊的整体规划，结合本市的实际情况，积极履行职责，发挥工作坊的"示范、引领、辐射"作用，通过目标设置、任务驱动、课题引领、课例打磨、专题研讨等，提升工作坊成员专业化水平，建立教师成长共同体，使工作坊成为教师研究的平台、成长的阶梯。

"不忘教育初心，牢记育人使命；齐心聚力线上，再次扬帆起航。"相信在省教育厅的科学指导下，山东省高中体育与健康特级教师工作坊成员一定会戮力同心，奋楫笃行，行稳致远，不负众望。

山东省高中体育与健康特级教师工作坊
德州市分坊三年规划

作为山东省高中教育与体育健康特级教师工作坊德州市分坊主持人，为更好的搭建体育教师专业成长平台，助力教师专业素质与综合素养的提升，提升教师职业幸福感和获得感，向着打造"品牌工作坊"的目标前行，我立足实际，多方考量，采取多种途径，制订了山东省高中体育与健康特级教师工作坊德州市分坊三年规划。

一、工作坊目标

1. 向特级教师学习，助推教师发展，使成员在教育教学、文章发表、课题研究等方面获得提高。

2. 发挥示范、引领、带动作用，激励更多的体育教师立足教学，研究课标、教材、学情，教法学法等，用科研的视角审视自己的课堂，提高教学质量；立足训练，科学选材和训练，充分挖掘特长生潜能，向高等学校输送更多的优秀人才。

二、工作坊计划

（一）专业提升

1. 线上培训

按时参加省工作坊每 3 个月的线上视频会议，认真聆听专家讲座，学习国家重要的教育思想、理论知识。通过山东省教师教育网，学习名师的教学经验。

2. 理论学习

学习新课标、专业书籍、名家专著等，例如《中国学校体育》《体育教学》、于素梅教授《五课的门道》、威海名师吕兵文老师《三十年为体育微笑》等。通过学习，了解前沿的理论，借鉴先进的经验，弥补自己的不足，明确努力的方向。不断充实自己，使自己在专业理论方面得到提升。

3. 课例研讨

观摩国家、省、市级优秀课例，结合课标深入分析学习目标，教材特点，教学重点难点、教法学法，学习效果等，明确上好一节课的标准，如何发展学生的核心素养等。

（二）实践锻炼

1. 读书分享

每两个月一次读书分享活动，群组成员通过钉钉将自己近期阅读的书籍进行分享，互相学习、互相交流、互相促进，共同提高。

2. 完善模块案例、录制精品课

编写教学课例集、案例集。群组成员结合自己的专项，依据新课程标准和学生实际情况，深入分析教材，设计模块教学计划、课时计划，并录制一堂精品课。可先进行说课、上课等形式研讨交流，经过磨课不断改进，进一步完善，最后进行录制。

3. 教学案例分享

每学年一次案例分享。将自己教学中优秀案例、训练方法、成长经历等进行分享，通过分享促进自己对教学、训练、个人成长的思考，在交流中互相激励，互相学习，锻炼自己，提高自己。

4. 课题研究

关注体育教学理论前沿及热点，结合我市体育教师培养、教学、训练等实际情况，以课题为载体，开展教学研究，提高科研意识和科研能力。群组成员每人拟定一项研究课题，从个人课题中选取可推广性强的一两个课题作为市坊研究课题。对德州市所有高中学校体育教师成长、课堂教学、课余训练等方面进行调研，深入分析各学校在促进教师成长、教学训练中存在的问题，并进行归纳、总结，在市教研员的指导下，结合问卷调查情况，研究解决的方法、途径和策略，帮助教师自我成长，突破教学、训练中的难点。

5. 论文发表

编写论文集。群组成员要勤于动笔，注重日常反思总结。每学年至少发表一篇省级以上的文章或论文，将"教学"与"反思""科研"相结合，做一名能写、会写，具有一定科研能力的体育教师。

（三）引领辐射

1. 积极宣传

做好山东省高中体育与健康特级教师工作坊的宣传工作，及时将我市分坊的活动情况制作美篇，同时上传到省坊公众号平台，通过宣传使更多的教师在教学思想和教育理念上有进一步的提高。

表 3-4　教师分组详情

组别	负责人	要求	程序
1组	弭贵芳、鹿志强	美篇及我市在省工作坊的宣传，由群组成员轮流负责。	线上活动时，提醒每位成员将自己参会时的照片、课件及情况描述发到德州市高中体育名师工作群，进行汇总、编辑、制作；线下活动时，需要及时拍照、对会议内容进行编辑，制作。制作完成，发群里大家共同审阅，最后由周靖主任审核通过后发布。
2组	陈楠、马良		
3组	李震、张中京		
4组	李洋、魏立宁		

2. 加强交流

与各县的高中体育组长密切联系，建立微信群、QQ 群等，与各县的高中体育教师进行教学经验的沟通和交流，推动教学效率提升和学生的发展。

3. 送课研讨

群组成员通过送课活动，汲取多方面的意见和建议，更好地提升授课水平，同时，将先进的教学理念、科学的教学方法传递给更多的老师，在教学策略、教材处理、课堂组织等方面提供较好的示范作用。

总之，我们将以课堂教学为根本，以教科研为突破口，充分发挥工作坊的团队力量，认真完成省工作坊的各项工作要求，为我市体育教学作出应有的贡献。

表 3-5　工作坊 2021 年 12 月—2022 年 12 月活动安排

月份	活动内容	具体要点	主讲人	活动方式
12—1 月	启动会议	召开工作坊启动会，讨论山东省高中体育与健康特级教师工作坊德州市分坊三年规划，成员制订和交流个人发展计划。	弭贵芳、周靖全体群组成员	钉钉视频
2 月	读书分享	召开工作坊会议，成员研习一部教育教学研究专著，完成一篇学习心得或体会，进行网络交流研讨。	弭贵芳、陈楠、李洋、李震	钉钉视频
4 月	课例研讨	观摩学习国家级优秀课例；成员示范课、录制精品课，听评课，写出心得体会。	全体群组成员	钉钉视频或线下研讨
6 月	课题申报	确定研究方向，申报个人课题。	全体群组成员	钉钉视频
8 月	案例分享	开学第一课。	全体群组成员	钉钉视频
10 月	读书分享	召开工作坊会议，成员研习一部教育教学研究专著，完成一篇学习心得或体会，进行网络交流研讨。	鹿志强、魏立宁、马良、张中京	钉钉视频
12 月	年度总结	年度总结和经验分享。整理模块教学计划、课时计划和论文集。	全体群组成员	钉钉视频

聆听体育发展史　助推体育强国梦

2022 年 6 月 14 日，在《山东省教育厅关于山东省中小学幼儿园特级教师工作坊实施方案》的要求下，按照《山东省高中体育与健康特级教师工作坊三年规划方案》的任务安排，"山东省高中体育与健康特级教师工作坊公益讲堂"活动圆满举行。

聆听历史　触摸发展

"山东省高中体育与健康特级教师工作坊公益讲堂"活动采取线上直播形式进行，此次公益课堂内容以"新中国群众体育发展史"为主题，聚焦讲述新中国成立以来体育发展的变化与辉煌，山东省高中体育与健康特级教师工作坊全体成员参与活动，共同聆听新中国群众体育发展历史，感受新中国体育事业辉煌，活动反响热烈。

在主讲人楚晓东教授形象生动的讲解下，新中国群众体育发展史真切呈现于观众眼前，活动直播学习氛围浓厚，参与教师感触良多，纷纷表示将以此次活动为契机，进一步传承和弘扬优秀体育文化，为省体育事业发展贡献自己的力量，为实现体育强国梦而不懈努力。

生动讲述　引人入胜

本次公益讲堂活动由我主持，作为工作坊德州地区负责人，我先是对老师们的准时参会表示感谢，随后对公益直播讲堂的背景、主题和主讲人做了介绍。

山东省高中体育与健康特级教师工作坊主持人——楚晓东教授是本次直播讲堂的主讲人。楚教授任教于青岛科技大学，是校体育学院副院长、硕士生导师，还是青岛科技大学学术委员会委员、学校课程思政教学名师，山东省创新创业教育专家库成员。楚教授曾参与主持国家级教研项目 2 项、省部级项目 10 余项，现为山东省一流本科课程负责人、山东省本科课程思政示范课负责人。2022 年 3 月，楚教授参与的《"课堂＋实践＋联赛"三平台一体化体育综合育人体系重构与实践》项目，获得山东省教学成果特等奖。

楚教授以中国的奥运之路为主线，以不同阶段的体育事件为辅线，梳理和展现了新中国群众体育发展的进程，展现了新中国成立 70 年来，体育发展的变化、体育发展所带来的变化。

在楚教授生动而细致的讲述下，所有参会者真切感受到一段筚路蓝缕的新中国体育发展史，见识到而今体育事业的辉煌，令人振奋。聆听过程中，大家充分利用手边的各种设备观看直播，并拿起本子，认真书写、勾画，记录下关键内容，做好聆听笔记。

以史为鉴 聚力未来

新中国成立以来的 74 年，是提高中国竞技体育综合实力和国际竞争力、弘扬中华体育精神、为中华民族伟大复兴凝心聚气提供正能量的 74 年；是提高人民群众身体素质和生活品质的 74 年；是不断增强人民获得感和幸福感的 74 年！两小时的直播讲堂过后，所有工作坊教师受益良多。无论从教师专业道路成长，还是体育教育路径探索，无论从如何认识体育发展历史，还是体育发展的重要性等多个方面，大家均受到良多启迪。

体育强则中国强，体育兴则国民兴，国运昌则体育昌。以此次活动为契机，未来，工作坊的每位体育教师仍将坚持从自身做起，坚守本心，不懈实践，为提升国民体育综合素质，早日实现中国体育强国梦而奋斗不止！

守护健康 "法" 育未来

2022 年 6 月 24 日，新修订的《中华人民共和国体育法》正式通过表决，为帮助教师更快了解修订后的体育法变动内容，知悉体育法修订的意义，明确贯彻落实做法，2022 年 8 月，山东省特级教师工作坊高中体育与健康工作室举办了《中国体育法对照解读》直播大讲堂活动。活动邀请了中国政法大学教授、中国法学会体育法学研究会常务理事、副秘书长、《体育法》修订专家组成员张笑世教授做客讲述，反响热烈。活动结束后，我撰写了活动宣传文字——《守护健康 "法" 育未来》。

守护健康 "法" 育未来

2022 年 6 月 24 日，新修订《中华人民共和国体育法》（以下简称《体育法》）正式通过表决，明确体育工作要坚持以人民为中心，以全民健身为基础，普及与提高相结合，推动体育事业均衡、充分发展。修订后的体育法究竟主要变动了哪些内容？体育法修订的意义是什么？到底该如何贯彻落实体育法呢？为进一步了解落实新修订《体育法》，8 月 13 日，山东省特级教师工作坊高中体育与健康工作室专程活动邀请了中国政法大学教授、中国法学会体育法学研究会常务理事、副秘书长、《体育法》修订专家组成员张笑世教授做客直播大讲堂，进行了以《中国体育法对照解读》为主题的直播课堂活动。

一、悉心讲解 收获好评不断

《中国体育法对照解读》直播课堂活动，由楚晓东教授主持，来自工作坊 16 个地市的负责人及 16 个地市的群组成员，以及部分高校的老师共聚线上课堂，聆听讲解。

课堂上，张笑世教授围绕五个部分详细解读了新修订《体育法》，包括修订的意义、修订过程、修订的原则、修订的主要内容以及如何切实推动体育法的贯彻实施等内容。解读过程中，张教授以理论和实例相结合，深入浅出，悉心解读，并结合参与课堂的教师身份，将课堂重点放在新修订《体育法》的内容方面，重点论述青少年和学校教育与育人方面内容，讲述条理清晰，语言生动。近两个小时的悉心讲解，令学员受益匪浅，感触颇深。如同楚教授所说："张教授的讲解，让我感受到以张笑世教授为代表的体育法修订专家组，在修订过程中完全体现了以人民为中心的原则，他们字斟句酌、殚精竭虑的在修订这部法律，在为促进体育事业发展而尽心竭力。"

二、修订体育法 促进体育事业发展

为何修订《体育法》？对此，张笑世教授讲到了修订《体育法》的三大重要意义："修订体育法是深入贯彻落实习近平总书记关于体育的重要论述和党中央有关体育的决策部署的必然要求；是全面深入总结我国体育事业发展系列改革经验成果的重要举措；是深入推进体育领域治理体系和治理能力现代化的有力支撑。"

与95年《体育法》相比，新修订《体育法》由原来的8章变更为12章。新增了反兴奋剂、产业仲裁和监督管理的变化，同时将"生活体育"改为"全民健身"，"学校体育"改成了"青少年和学校体育"，将"体育社会团体"改为"体育组织"。谈及内容修改，其中重要的一条是将"发展体育事业"变为"促进体育事业"，对此，张笑世教授表示，历经发展，中国已经是名副其实的体育大国，正在向着体育强国建设推进，进而是要促进弘扬中华体育精神，培养中华体育文化，在他看来，把体育上升为一种文化是更为可喜的事！

三、落实体育法 弘扬中华体育精神

"青少年和学校体育"这一章节内容，是本次直播课堂的重点。张教授从原则、理论、实际和落实情况出发，细细分析了该章节中每个条款的由来与制定过程，为诸多体育教师答疑解惑，并结合实例，讲述育人原则，为大家更好地贯彻落实新修订《体育法》提供了思考和有效路径，为提升学生综合体育能力、提升教师职业素养提供了方法与助力。

一部法律的修订凝结了国家机关和无数专家学者的心血，《体育法》的修订正是为了人民的事业，也是为了人民的身体健康。在国家加快体育强国建设道路上，所有体育工作者更当以身作则，顽强奉献，坚持贯彻落实《体育法》，对此，楚教授在讲堂结束时总结道："对于体育工作者而言，应该首先做一个知法、懂法、守法的践行者。"

守护健康，"法"育未来。山东省特级教师工作坊高中体育与健康工作室直播大讲堂的第二讲——《中国体育法对照解读》活动圆满结束了，在全民健康和体育建设发展这条路上，工作坊的所有成员率先引领，奋楫当先永不休！

砥砺前行　奔赴未来

春回大地，再启新程。2023 年 1 月 13 日上午，为更好地指导工作，发挥山东省高中体育与健康特级教师工作坊作用，带动、指引教师发展，使得教师在实现自身专业发展方面取得更大成果。山东省高中体育与健康特级教师工作坊召开专门工作会议，总结成绩，规划未来。我参与并撰写了活动宣传总结内容——《一元复始万象春 继往开来启新程——2023 年山东省高中体育与健康特级教师工作坊工作会议召开》。

会议包括四项重点内容：一是传达山东省教育厅组织召开的齐鲁名师名校长领航工作室、山东省特级教师工作坊、山东省中小学优秀班主任工作室主持人培训会议的内容。二是 2022 年工作坊的主要工作总结。三是 2023 年工作坊的主要工作计划。四是 2023 年工作坊的主要工作要求。

会议第一项，主持人楚晓东教授详细总结讲解了由山东省教育厅组织的齐鲁名师名校长领航工作室、山东省特级教师工作坊、山东省中小学优秀班主任工作室主持人培训会议的内容。该培训会议就三大项目的发展情况和各工作坊的工作思路做了总结，并就工作坊如何做好工作做了重要报告，各工作坊典型代表同时在会上交流。

山东省教育厅教师工作处二级调研员刘全利处长讲话时，肯定了三类项目从模式建构、活动开展、工作成效、示范带动、成果推广和成员发展等方面取得的成绩，强调了要优化工作室（坊）网络空间建设和加强动态管理等工作。

山东省中小学师训干训中心刘文华主任在对三个工程项目近年来的开展情况做总结时提出，特级工作坊工作中涌现出诸多亮点和特色：一是工作坊构架合理。二是整合高校、教研员资源，提升工作坊的活动品质。三是依托信息技术，创新活动形式。四是精准把脉坊员发展需求，助力坊员个性化成长。五是聚焦课堂变革，打造优课范型，发挥示范引领作用。除了亮点外，刘主任还指出了项目发展中的一些不足，包括地市与坊（室）内部的管理制度不明晰、成员参加活动的积极性还需提高、物化成果的提炼工作还需加强等。

针对如何更好做好工作坊工作，湖南省教师发展中心黄佑生教授做了专门报告。他指出必须要发挥好教学指导、成果辐射、课题研究、培养新人的4大功能。要注重"七个一"行动：研究一个课题、带领一个团队、建构一个体系、研发一批课例、开发一批课程、建立一批基地、产出一批成果。

山东省中小学师训干训中心师训部王凯主任和张陆陆分别对项目实施的政策要求、实施规范、实施建议等进行了解读。

楚教授结合山东省高中体育与健康特级教师工作坊开展的实际情况进行了深入分析，他强调，我们使命在肩，责任重大，一定要发挥核心力量，辐射带动更多的师德高尚、业务能力强、教学水平高、育人效果好、善于团结协作的优秀青年教师，为全省基础教育改革发展培养一支有强劲发展动力的青年教师队伍。

会议第二项，楚教授就2022年山东省高中体育健康工作做了主要总结。在深度学习活动方面，省坊面向全体组员组织了《中华人民共和国体育法》2022年修订版内容的解读、新中国群众体育发展史讲座等活动。在课题研究方面，诸多地区工作坊都进行了现场教研活动，省坊和地区坊同时注意对各校进行指导，认真指导各校和青年教师开展教研。

2022年，工作坊的物化成果显著。工作坊依托山东省重大教改项目的一个子项目课题，参与编写《公共基础课课程思政教学设计（大学体育）》《公共基础课程思政教学设计（公共基础课）》的专著，发表了《互联网＋视域下体育教学管理平台建设与实施路径研究》的论文。《"课堂＋实践＋联赛"三平台一体化体育综合育人研究与实践》获山东省第九届教学成果奖（高等教育类）特等奖。在2022年山东省普通中小学体育教学优秀案例活动中，我申报的《线上体育教学质量监测机制的实施探索》获得特等奖、济南地区负责人孙红霞老师的《自编中学生校园街舞、综合体能练习》获得中学组一等奖、济南济钢高级中学的青年教师李宏亮老师申报的《多项目技能专项素质练习》获得优秀案例评选。

笃行不怠，继往开来。楚教授表示，2023年工作坊将以"引领爱体育、懂思政、用资源的高中体育教师队伍"为年度工作主题，以打造在国内有一定知名度、有一定影响力的工作坊为目标，缔造示范典型。

2023年度工作坊活动目标根据省教育厅的总体目标，遵循特级教师成长的规律，以丰富多彩的教研活动为载体，注重带动助力，吸引中间老师，带动落后老师，以问题、过程、结果作为导向，建立导师引导下的教师参与共同体，发挥团队合作作用。具体而言，注重做好专业指导和引领工作，增加教科研能力培训，设立激励措施，鼓励青年教师主动承担、积极作为。主要措施方面，加强理论学习，加大检查督促力度。主要活动方面，将在3月举行"课堂＋实践＋联赛"三平台一体化体育综合改革探索与实践大讲堂活动；5月由指导专家讲述中国学校体育发展的大趋势；8月安排组织现场研讨活动；9月举办以"高中体育与健康课程开学第一课"为主题的大讲堂活动，同时，全年将加紧落实课程资源建设工作。

楚教授指出工作坊的发展离不开特色和创新，特色创新的内核正是以新时代课程思政视域下高中体育与健康课程建设路径的构建为研究主题，打造爱体育、懂思政、用资源的高中体育教师队伍，构建课内课外线上线下一体化的高中体育课程模式。他还现场推荐了三大教学资源，在学银在线平台上线的《体育导论》《大众体育在线视频系列课程》在线资源，《课程思政视域下体育课程教学设计与实践》案例资源，鼓励教师不断学习。

最后，楚教授就2023年工作坊工作提出要求。首先，明确工作坊主持人及工作坊成员的职责，制定好相关管理制度。其次，指导教师拟定职业发展规划，帮助老师们寻求教学模式上的新探索、新实践和新突破。除此之外，楚教授还表示，教师要肩负责任，希望所有教师能以顽强的拼搏意识，爱国敬业的职业情怀，教导学生成材，践行教育理想，同时促进自己的更长足发展！

两个多小时的会议结束，所有工作坊成员受益匪浅。大家用心记录，认真思索，也更加坚定地表示，将认真理解贯彻会议精神，秉承初心，在2023 年的日子里，奋楫争先探新路，砥砺前行启新篇！

第四章　体育教育的创新与应用

体育教育中创新的重要作用

唯有创新，才能为我国经济发展创造新动能，进而赢得未来。而创新的根本在人才，人才的培育主要靠教育。在国民教育体系和个体的人生发展过程中，高中教育起着举足轻重的作用，堪称人生的"拔节"期，是培养创新素养、助力创新人才成长的关键时期。体育教学，因为直接作用于学生身体而发挥着更为直观和重要的育人作用。因而，如何启迪学生心灵，赋予他们更多的创新精神，激发他们的创新潜能，为取得更大的创新成果奠定基础，助力他们的人生之路走得更为长远，是每一位体育老师都必须思考的重大教育课题，也是实施教育教学过程中提升教学质量的有效途径。

创新能力培养是体育教学的隐形目标

新课标中明确提出创新型人才的培养要求，对学生创新精神和创新能力的培养和提高是体育教学隐形目标之一。

当创新教学已然成为当前教育教学改革的主题，要切实有效培养学生的创新精神，提高学生的创新能力，教师势必要在日常的教学实践中，不断践行，不断总结，必须要通过身边的小事做起，将课堂创新切实落实到具体的课堂教学中，从课堂点滴做起，针对课堂进行系列创新。

创新教学的策略含义

所谓创新教学，实际是指在不改变教学内容的情况之下，在综合分析课程内容重难点和学生在学习过程中可能会出现的所有问题的基础之上，对运动条件、教学背景、教学情境乃至教学方法的创新、组合，使得教学更加适宜于学生情况，促使学生在较短的时间内能顺利完成教学任务，达到预期教学目标的创新策略与方法。

给学生以思考、想象、发挥的空间。体育课因其直接作用于学生身体活动的上课形式，产生了无可替代的育人价值，在创新能力培养方面，对于体育教育而言，一方面要提高学生对于体育课的兴趣和积极性，另一方面，要注重以学生为主题，发挥他们的特长，提高他们的体育素养，进而践行立德树人目标，促使学生全面发展，培养学生综合创新能力。

创新教学能够使得体育教学效果事半功倍

教学过程是学生身心完善的过程，也是教师积累和创新的过程。

一方面，创新教学不但能帮助老师顺利的完成教学任务，更能让学生设身处地地体验到创新精神的发挥，潜移默化中领悟到创新思维、创新方法，促使教育教学工作取得事半功倍的成果。

另一方面，作为独立个体，在体育教学过程中，学生的思维、情感态度、心理情绪、身体素质和运动能力均不同，其在体育课堂中的学、练过程中，自然也会存在不同的表现，出现不同的问题。因而，教师在实际教学过程中的教育引导方式和教育实践，对于学生的学习效果起着重要的决定作用，这使得创新教学成为一种必然。教师在教学中创新教学，发挥自己的聪明才智，剖析教材重点与难点，分析了解学生，根据学生实际及在学习过程中出现的问题，创设有利的教学情境，采取有效的教学手段，抓住教育契机，才能使得学生在愉悦的环境和科学的教育指导下，全身心地投入学习，达成学习目标，实现轻松学习、主动学习，进而确保学习效率，达成良好学习效果，使整个教学过程起到事半功倍的效果。

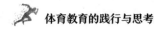

创新教学实施的两大基础要素

明确教学目标，深挖教学实践，要真正践行创新教学，务必做好两大基础工作。

一是分析研究、吃透吃准教材，明确教学任务与内容。有效的教育教学以教材为依托，以教学目标和任务为准绳。在教学实践过程中，教师要深入研究教材，挖掘教材中蕴含的育人元素，制定符合学生实际的切实可行的教学目标，预设课堂突破教学重、难点的方法和措施，为实践课堂中的创新奠定基础。

二是深入研究学生，了解学生。学生是教学活动的主体，教师的责任在于引导和教导，因而，整个教育教学过程务必建立在研究学生、了解学生的基础上，以学生的所需、所求为基础，把握教学内容，结合实际采取相应教学手段、创造性地设置教学情境，有的放矢的进行教学，以满足不同学生的需求，真正做到因材施教，以帮助学生解决共性问题和个性困难，最大化学习效率。

体育课堂的创新实践

实践出真知，理论来源于实践。体育教育的创新必定以理念为指引，通过课堂实践，不断修正总结而完善。近年来，结合体育教育经验，依托高中体育教育特点，遵循高中生身心发展规律，我对体育创新进行了系列相关思考和研究，并在日常教学案例中不断实践，不断尝试、总结，完成了多个创新教学案例，并取得良好教学成果。我将这些分享出来，期待与更多的老师们交流，也希望在体育教育的创新实践中，取得更大的进步和成果。

随着体育教学改革的推进，伴着新课标的发布，教学方法的改革创新已然成为教学改革的重要内容之一。在《步步为赢——采用递进练习法快速掌握腾空飞脚技术》和《剑术组合》案例中，我改进创新了练习方法和组织教法，有效提升学生学习效率和教学效果。

日常创新案例一：步步为赢——采用递进练习法快速掌握腾空飞脚技术

在教授中华文化瑰宝——《武术》内容时，我深入分析课程内容，剖析教学难点，依托学生实际，结合学生容易出现的问题和掌握技术要领不足的现象，针对学生在学习时容易产生的畏难情绪特点，精心设置，创新设计了"递进练习法"。

以层层递进的练习方式给予学生充分的成就感和获得感，引导学生逐步掌握动作要领，并让学生在学练过程中多感悟、多思考，引导学生自主总结，找寻到动作之间的联系，学会迁移，具备整体思维，并重视立德育人目标要求，让学生领会到敢于挑战、敢于争先的精神。经过验证，在实际教学过程中，该种教学方法可适用于多个高中体育教学内容，诸如武术教学中的腾空飞脚等内容的教学。

【案例来源】德州市宁津县第一中学 弭贵芳

【案例类型】练习方法

【案例名称】步步为赢——采用递进练习法快速掌握腾空飞脚技术

【应用年级】高中一年级

【教学内容】腾空飞脚

【创新目的】

1. 由易到难、循序渐进的掌握技术动作。腾空飞脚是武术运动中重要的跳跃动作之一，在学习中，初学者往往难以掌握好腾空飞脚的空中动作，主要表现在：空中左腿控腿难、右腿蹬地弹踢不充分、腾空时间短等。针对这些现象，在教学中采用递进练习法，引导学生逐步体会动作的肌肉感觉，进而完整掌握动作。

2. 增强学生自信心。腾空飞脚对于初学者有一定的难度，学生往往会产生畏难情绪，因此，在教学中设置层层递进的练习方式，让学生体验到成功感，培养学生敢于挑战自我、战胜自我的精神。

【创新方法】

1. 设置不同难度的练习方式让学生挑战，激发学生的好胜心，使每位学生体验到成功感。

2. 小塑料棍的使用激发了学生的练习兴趣。

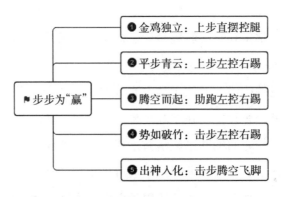

图4-1 不同难度的练习方式

【教学应用】

应用于武术模块腾空飞脚教学之中。腾空飞脚有一定难度，学生也具有个体差异。因此，在教学中教师可以根据实际情况进行选择，比如：第一节课课设置挑战：金鸡独立、平步青云。第二节课可进行将复习与挑战相结合，其中复习内容为：金鸡独立、平步青云，挑战内容为：腾空而起。也可以在一节课当中因材施教，让学生根据自己的实际情况自主选择。

1. 金鸡独立：上一步直摆控腿

动作方法：右脚向前上一步；左腿直摆至腰平后立即折叠小腿，屈膝提起成控腿动作。

动作要求：摆动腿先直摆至腰平后再迅速折叠小腿，屈膝高抬，脚尖绷直；身体保持正直。

图 4-2　上一步直摆控腿

2. 平步青云：上一步左控右踢

动作方法：两人一组，相距 2~3 米，相对错位站立，一人手持辅助器材（小塑料棍、武术靶等）侧举一定高度。练习者右脚向前跨一步；左腿直摆后屈膝提起成控腿动作，右脚蹬地后右腿伸直脚面绷直尽力上摆踢目标；右脚落地。

动作要求：摆动腿收控于胸前，绷脚尖；起跳腿用力蹬地、积极上摆踢目标。

图4-3　上一步左控右踢

3.腾空而起：助跑左控右踢

动作方法：两人一组，相距5~8米，相对错位站立，一人手持辅助器材（小塑料棍、武术靶等）侧举一定高度。练习者助跑后右脚向前跨一步；左腿直摆后屈膝提起成控腿动作，右脚蹬地后右腿伸直脚面绷直尽力上摆踢目标；右脚落地。

动作要求：助跑起跳动作协调连贯；摆动腿收控于胸前，绷脚尖；起跳腿用力蹬地、大腿带动小腿积极上摆踢目标。

图4-4　助跑左控右踢

4.势如破竹：击步左控右踢

动作方法：两人一组，相距5~8米，一人侧向站立，手持辅助器材（小塑料棍、武术靶等）侧举一定高度。练习者并步站立；左脚向左侧点地，右脚提离地面，左脚随即蹬地跳起，右脚迅速在空中碰击左脚，右脚先落地，身体左转，左脚向前落步；右脚向前跨一步；左腿直摆后屈膝提起成控腿动作，右脚蹬地后右腿伸直脚面绷直尽力上摆踢目标；右脚落地。

动作要求：并步站立，击步协调连贯，起跳腿蹬地有力、积极上摆踢目标。

图 4-5　击步左控右踢

5. 出神入化：腾空飞脚

动作方法：击步后两臂体前交叉，前后分摆；右脚上步并蹬地跳起，同时两手臂由下向前向上挥摆，左手在上，摆至头顶上方，右手背迎击左手掌，左腿直腿向上摆起；右脚蹬地后右腿伸直脚面绷直尽力上摆踢，并以右手掌迎击右脚面；同时左手拉至身体左后上方变勾手，勾尖向下，左腿在击响的一刹那，屈膝收控于胸前，上体前倾，眼看前方；右脚先落地或双脚同时落地。

动作要求：击步时，上下肢要配合协调；腾空飞脚时，身体明显腾空，摆动腿屈膝高提收控，起跳腿上摆伸直，脚面绷平，脚高过肩，击手和拍脚要连续、快速、准确、响亮，空中姿势正确优美，落地轻稳。

图 4-6　腾空飞脚

【教学效果】学生的身体素质各不相同，在教学中通过设置不同难度的练习方式，学生体验到了成功感，增强了自信心，提高了锻炼的积极性，最终很好的达成学习目标。

【场地器材】以班级学生有 40 人为例，30 米长、20 米宽的平整场地一块，小塑料棍或武术靶 20 个。

【注意事项】

1.做好准备活动，肌肉充分拉伸，活动好肩、膝、踝等关节。

2.两人配合要注意适时调整塑料棍或武术靶的远度。

3.根据学生的不同情况因材施教，可将学生分组自主选择练习难度。

4.腾空飞脚锻炼的主要是下肢力量，在教学中结合上肢或核心等力量练习，全面发展身体素质。

日常创新案例二：巧用"口诀＋挂图"教授剑术组合

如何让教学更有趣、更直观？我尝试在教授剑术内容时，创新组织教法，利用"口诀＋挂图"的形式，结合小组竞赛，教授课程内容。

教学中，将所学剑术的动作要领编成口诀，内容直观精简，并贴到剑鞘上，在轻松有趣的氛围里帮助学生无意识记忆。同步将动作方法、动作要领制作成挂图，以图文形式，增强视觉吸引力，打破教学单一。而在学习过程中，采取小组组合竞赛的方式，激发学生的好胜心，拓展学生的思维能力和集体智慧，增强凝聚力。口诀与挂图的结合，不仅提高了剑术的学习效果，而且使学生较好的了解了剑术动作的过程及顺序，建立了正确的动作表象，同步丰富课堂趣味，增进学生之间的互相交流与讨论，提升学生发现、解决问题的能力。

【案例来源】德州市宁津县第一中学 弭贵芳

【案例类型】组织教法

【案例名称】巧用"口诀＋挂图"

【应用年级】高中二年级

【教学内容】剑术组合

【创新目的】

1.口诀与挂图相结合提高剑术的学习效果。口诀语言精练、简明扼要，挂图形象直观，视觉冲击力强，两者结合既能够使学生较好的了解剑术动作的过程及顺序，建立正确的动作表象，又增加趣味性，便于学生更好的记忆和掌握。

2.增强学生自主学习的能力和团结协作的精神。小组学习时，学生遇到困难或问题，可以观看挂图和口诀提示，互相交流与讨论，提高发现问题、解决问题的能力。

【创新方法】

1.将所学剑术的动作要领编成口诀，贴到剑鞘上；制作挂图，挂图上有动作方法、动作要领。

2.在学习过程中提出："看哪组能在最短的时间内掌握正确的动作？"激发学生的好胜心，发展学生的思维能力和集体智慧，增强凝聚力。学生可以借助挂图和口诀共同学习，也可以分别学习不同动作再互教。

【教学应用】

应用在剑术组合基本部分，教师完整示范后的学练环节。观察图解理解动作，结合贴在剑鞘上的口诀进行练习，逐步记忆、掌握、领会动作。

通过教学实践，将口诀与挂图相结合，引导学生积极的动脑、动手、动口，激发了学生的学习兴趣，增强了学生的锻炼热情和积极性。学生在不知不觉中快速的记住了动作名称，掌握了动作要领，提高了学习效率。

一、剑术组合口诀

预备式：头正颈直两腿并，抬头挺胸目视前。

起　　势：上体左转微发力，两臂提按左甩头。

第一动：左脚上步成弓步，左轮右举两臂平。——弓步轮臂

第二动：重心后移成虚步，两臂屈肘接握剑。——虚步交剑

第三动：左脚向前成弓步，左手后摆右前刺。——弓步刺剑

第四动：右脚向前成叉步，上体右转向后斩。——叉步斩剑

第五动：左脚向前左弓步，左挡右劈看剑尖。——弓步劈剑

第六动：上体右转右弓步，两臂屈肘交接剑。——弓步交剑

收势：左腿回收成并步，持剑按指左甩头。

二、剑术组合图解

图 4-7　预备势

图 4-8　起势

图 4-9　1.弓步轮臂

身体正直，并步站立，左手持剑，右手剑指。两臂在体侧下垂，目视正前方。

身体正直，并步站立。两肘微上提，手腕下按。目向左平视。

左脚向左上一步，左腿屈膝；右脚前脚掌碾地使脚跟外展，膝部挺直，成左弓步。上身随之向右转。在左脚上步的同时，左手持剑屈肘经胸前向上向左弧形环绕，平举于身体左侧，拇指一侧在下；同时右手剑指平举于身体右侧，剑指向后。目视左侧。

图 4-10　2.虚步交剑

图 4-11　3.弓步刺剑

图 4-12　4.叉步斩剑

重心后移，落于右腿；左脚随之移会半步，右腿屈膝，并以前脚掌虚步着地，成左虚步。在左脚移步的同时，左手持剑向胸前屈肘，手心朝里，准备接握左手的剑。目视剑指。

右手接握左手之剑，左手握成剑指。左脚向前上半步，左腿屈膝；右脚前脚掌碾地，脚跟外展，膝部挺直，成左弓步。同时上身左转，右手持剑向身前平伸直刺，拇指一侧在上；左手剑指随之伸向身后平举，拇指一侧在上。目视剑指。

左脚不动，膝部伸直；右脚向前一步，膝略屈。上身右转同时右手持剑经过上方向后劈，剑高于肩平，拇指一侧在上；左手剑指随之由下向前上弧形绕环，在头顶上方屈肘侧举，拇指一侧在下。目视剑指。

图 4-13　5.弓步劈剑　　　　　图 4-14　6.弓步交剑　　　　图 4-15　收势

左脚向左前方上一步，左腿屈膝；右腿在后，膝部挺直，脚尖里扣，成左弓步。同时左手剑指由胸前下降，经过左向上弧形绕环，在头顶上方屈肘侧举，拇指一侧在下；右手持剑经上向前劈剑，与肩同高，剑尖略高于腕。目视剑指。

左脚落步，上体右转90度成右弓步；两臂屈肘与胸前（右手在外，左手在里），把剑交于左手；目视两手。

同起势。

【场地器材】以班级学生有40人为例，50米长、30米宽的平整场地一块，剑40把，挂图4幅，口诀纸条40个贴在剑鞘上。

【注意事项】

1.做好准备活动，肌肉充分拉伸，活动好颈、肩、腕、腰、膝、踝等关节。

2.学习之前先复习基本的步伐和剑术动作，比如，弓步、虚步、歇步；刺剑、斩剑、劈剑、崩剑、削剑等。

3.教师完整示范后采用。学习时先观看挂图上的动作要领和图解，待理解后结合口诀加强练习，体会武术内涵。

4.学生也可以自己创编易于理解和掌握的口诀。

体育教学中的线上教育探索

受疫情冲击，线上体育教育逐渐进入人们的视野，也为体育教育的创新探索提供了更多思考。

传统体育教学中，教师的主导地位比较凸显，授课内容主要以技术实践训练为主，教师会对学生进行技术讲解，同时加上动作要领示范，给予学生及时的纠错指导，并对学生身体素质进行训练，适度地组织模拟比赛。而在线上体育教学中，由于授课环境的影响，教师除了会对学生进行线上技术指导、学习效果评价、制定练习任务外，有了更多时间为学生讲解理论知识，分析基本技战术内容，一定程度上，线上体育教学相比较传统体育教学而言，学生拥有更高的自主性，教学模式也更偏向于理论与技术实践相结合。

科学技术和网络环境的发达，使得线上教育教学的优点突出，具有及时性、灵活性特点。在具体教学过程中，教师利用录播传授、直播传授和锻炼软件打卡等方式组织教学，能够使得体育教育突破时空限制，不受外界环境影响，持续开展远程授课，使学生平等享受授课内容，保证课程的连贯性与持续性。与此同时，线上教学使得多媒体技术发挥了更大的作用，利用多媒体视频的制作、播放，学生得以多次、反复观看内容练习，在视听效果明显的情况下，提升学生学习积极性，巩固练习成果。

与之相对，线上体育教育也存在一定的劣势。首先，线上体育教育依托于网络设备和互联网的支持，由于学生所处地区和网络条件的不同，学习和练习效果也会各有不同。再者，体育教育有其特殊性，需要使用一定的器材和练习场地，受制于线上体育教育的空间和器材内容，线上体育与常规体育教学内容的连接和练习效果也会产生相应影响。最后，由于网络平台上各类资源层出不穷，使得学生所接受的信息庞杂多样，质量良莠不齐，会一定程度影响和干扰学生的学习成果，与此同时，由于远程授课，线上体育教育中教师对于学生学习成果的监督和评估，深受学生的自觉性影响，学生个人情况不同，学习自主直觉性各有不同，对于学习效果有一定影响。

线上体育教学质量监测机制的实践探索

2022 年，我校深入开展"停课不停学"工作，全力进行线上体育教学工作。过程中，我们认真组织，提前规划，就如何促进教师更好的"教"和促进学生更好的"学"进行深入思考。并创新性地以线上体育教学质量监测为突破点，采用"一课双师＋三级联动"的质量监测方法，有效促进提高线上体育教学质量，保证教学效果。

一、背景

2022 年新冠肺炎疫情再次来袭，为深入开展"停课不停学"工作，进一步解决线上教学存在的问题，山东省教科院组织召开了"山东省中小学体育与健康学科'线上教学难题破解'专题研讨会"。德州市教科院也为确保线上教学质量，制定了《德州市高中线上教学实施意见》。我们学校作为山东省规范化学校，认真学习有关文件精神，积极落实省、市的各项要求。

体育教学是教与学的双边活动，是学生在教师有目的、有计划的指导下，积极主动的学习体育知识、技能，锻炼身体，加强体质，促进健康，发展核心素养的过程。教师的"教"和学生的"学"是影响体育教学质量的主要因素。线上体育教学学生挂网上课的现象时有存在，学生的练习密度和动作质量也缺乏及时的反馈。这种情况下，如何促进教师更好的"教"和促进学生更好的"学"是我们必须深入思考的。基于此，我校以线上体育教学质量监测为突破点，采用了"一课双师＋三级联动"的质量监测方法，有效提高了线上体育教学质量。

二、目标与设计思路

（一）目标

1.促进学生更好的"学"。提高学生线上体育学习的自觉性、主动性，

加强学法指导和对学生学习现状的及时评价，提高课堂效果。

2.促进教师更好的"教"。解决个别教师上课不规范问题，激励教师提升自身素质，强化创新意识。

（二）设计思路

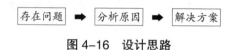

图4-16　设计思路

1.调研存在问题

通过观察法、访谈法、问卷调查法，对线上体育教学存在问题进行汇总，结果显示，学生方面，隔空学习，学生的注意力易分散；个别学生偷懒，不开摄像头或开摄像头不对着自己；练习时，动作不到位，存在错误动作，练习密度达不到要求。教师方面，个别教师备课不详细，线上教学不规范，学、练、赛、评环节不全面，指导评价不及时。

2.分析原因

一是学生对线上体育课认识不到位，存在偷懒现象。线上体育教学的学习环境发生了变化，学生表现无法得到及时反馈。部分自制力差的同学缺乏自觉性和自我约束力，在动作质量、练习密度等方面达不到要求。二是体育教师线上授课没有规范的要求和监督。对于如何上好线上体育课？怎样上好线上体育课？教师没有深入的思考和明确的目标。

3.解决方案

（1）采用"一课双师"对学生的"学"进行监测。以学生线上学习存在问题为指标，制定线上体育教学评价量表。每节体育课安排两名教师上课，一个为主，一个为辅，主讲教师负责课的内容的设计、授课；辅助教师负责监测学生考勤、巡视、指导。两名教师及时沟通，通力合作，紧密配合，共同完成一节课。

（2）通过"三级联动"对教师的"教"进行监测。建立教研组长、年级主任、分管校长抽查巡视的三级联动监测模式，对教师的出勤、上课态度、上课效果进行巡查记录。

三、主要做法

（一）合理安排课程表，实施"一课双师"监测机制

在原有课程表的基础上进行调整，原有的体育教师为主讲教师，后安排的体育教师为辅助教师，当遇到课表冲突时，也可采用两个班同时上课，一名教师主讲，一名教师辅助的形式。

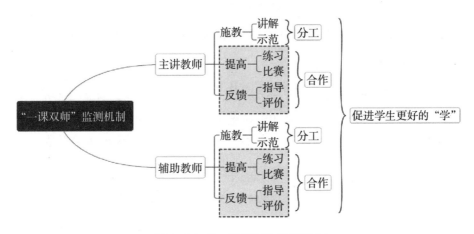

图4-17　"一课双师"监测机制

两名教师既有分工，又有合作。分工方面，主讲教师负责施教方面的讲解、示范，辅助教师负责巡视学生的听讲、观察；合作方面，在提高与反馈环节，对学生的练习和比赛给予及时的指导和评价。两名教师通过及时沟通，通力合作，促进学生更好的"学"。

（二）集体教研，确定教学内容，制定详细的小单元教学计划

由于居家锻炼，场地、器材都受到限制，选择恰当的教学内容和制订详细的教学计划是非常有必要的。根据新课标的要求，结合线上教学的特点，我校选择了体能、武术操、八段锦、健美操等教学内容，并根据体育教师专项进行了分工，制定小单元教学计划。

（三）集体备课，打造校本课程资源，将信息技术应用于教学

线上教学如何能吸引学生的注意力，给体育教师提出了更大的挑战。

我们将电视节目、抖音平台呈现体育锻炼的方式予以改进，集体备课后，根据教材内容和教师特长进行分工，对教学中的准备活动、完整示范、分解演练，放松拉伸等内容进行视频录制，打造校本课程资源。

教师上课时，自主选择课程资源，播放视频并随堂讲解。因为视频录制使动作呈现更清晰，伴随讲解，使动作要领更明确。此外，视频录制，也有利于因材施教，调动学生的积极性。以体能为例，可提前录制初级、中级、高级三种学习内容供同学们自主选择，满足学生的个体差异；可借鉴 tabata 高强度间歇训练形式，根据运动规律合成练习与间歇音乐，激发学生学习兴趣，提高学习效率。

（四）制定线上体育课评价量表，建立电子档案

将学生的出勤、摄像头的开关、学生镜头的显现、练习时间、动作质量、进步情况等作为指标制成评价量表，辅助教师根据评价量表对学生的课堂表现予以打分，课后总结评价，并保存为学生线上体育学习档案。评价量表是对学生线上体育学习行为的一个规范，目的是促进学生养成良好的线上体育课堂常规，培养学生的自觉性和自制力，进而达成学习目标，提升核心素养。

（五）实施"三级联动"监督机制

建立班级、年级、学校三级线上体育课堂监测模式。

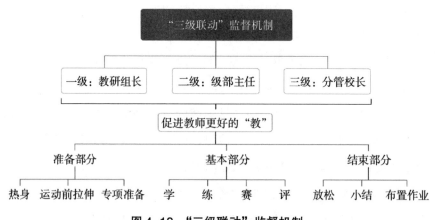

图4-18 "三级联动"监督机制

每节课有三级监测，一级教研组长、二级年级主任、三级分管校长。随时监测教师的出勤情况及教学环节是否齐备、教学设计是否合理、教学效果是否有效等。通过"三级联动"将教师线上教学中存在的问题汇总，由教研组长进一步组织教研，提高备课、上课质量，促进教师更好的"教"。

四、创新点

1.通过"一课双师"解决了线上体育教学对学生监测难的问题，促进了学习效果的提高。与软件的统计相比，教师的督导是有温度的，这种客观性的评价能够给学生带来温暖，使线上体育课的学、练、赛、评变得有效。

2.通过"三级联动"加强了教师对线上体育教学的重视，增强了线上体育教研的有效性，激发了教师创新教学的意识和现代信息技术的运用。

五、实施效果

（一）"一课双师"促进了学生线上良好学习习惯的养成

通过观察及家长访谈显示，"一课双师"监测机制实施后，学生不再拖延，不再逃避上课，而是养成了按时开摄像头，认真听讲，按时跟随教师练习，并主动纠正自己错误动作的行为习惯。有的家长偶尔会和孩子开玩笑说："线上体育学习也这么认真啊！"孩子也会郑重其事的回答："我们有专门老师督导，会一直关注我们，我要好好表现。"

（二）"一课双师"促进了学生线上体育学习目标的有效达成

"一课双师"中两位教师经过分工与合作，有效保证了学生学习目标的达成。主教师通过精心备课、认真落实线上体育教学的各个环节，组织学生学、练、赛；辅助教师对学生的学练情况进行巡视，配合主教师共同指导，最后予以客观激励性评价。教学环节紧凑、教学过程流畅，学生学习目标达成度良好。

（三）"三级联动"促进了教师教育教学能力的提高

线上体育教学对教师的备课能力、上课能力提出了更高的要求。督促教师教学设计更加规范科学，示范动作更加清晰到位，讲解要点更加简单

明了，纠正错误更加易懂有效。全面促进了教师教育教学水平的提高。

（四）"三级联动"促进了教师信息技术应用水平的提升

在"三级联动"的监测机制下，体育教师们主动学习各种软件操作，创新运用各种信息技术进行教学，提高学生的学习兴趣。比如：采用"视频＋讲解"的教学方式，帮助学生更好的了解动作结构和理解动作要领，解决了因调整摄像头方向、位置造成不必要的时间浪费问题。

"一课双师＋三级联动"从"学"和"教"两方面进行监测，创设了自觉、积极、认真、主动的教学氛围，师生的努力也通过"三级联动"得以反馈。年级领导多次在年级微信群对体育教师的授课方式、教学态度和学生的优异表现进行表扬，体育教师的工作得到了一致好评。

线上体育教学给我们带来了很多的困难，很多的挑战，也是对我们积极进取、努力思考、创新实践的考验，我们将不断努力，不断探索，为学生的健康成长贡献自己的力量！

附录 I

弭贵芳荣誉一览

2004年5月　获德州市优质课二等奖；

2004年6月　论文《对高中女生体育课兴趣的研究及教学对策》获山东省教育厅基教处颁发的论文一等奖；

2005年6月　论文《浅谈体育教学与学生个性发展》获山东省教育科学研究所颁发的论文二等奖；

2005年10月　论文《对我校高中女生体育锻炼的现状调查与对策研究》获德州市教学研究室颁发的论文一等奖；

2006年5月　论文《试论高中体育与健康教学中学生创新能力的培养》获山东省教育厅基教处颁发的论文二等奖；

2007年8月　获"德州市教学能手"称号；

2008年6月　论文《健美操对高中女生心理健康影响的调查研究》获山东省教育科学研究所颁发的论文一等奖；

2008年9月　获评山东省高中教师新课程研修优秀学员；

2009年3月　获"宁津一中三八红旗手"称号；

2009年9月　获"宁津县优秀教师"称号；

2009年9月　德州市第一届高中教师专业知识对抗赛第二名；

2009年9月　获评山东省高中教师新课程研修优秀学员；

2010—2017年　被聘为山东省暑期培训指导教师；

2010年、2013年　获评山东省高中教师新课程远程研修优秀指导教师；

2011年2月　论文《在努力中收获成功》在《中国学校体育》发表；

2011 年 5 月　获"德州市教学能手"称号；

2011 年 11 月　主持课题《开展选项教学对我校学生体育课兴趣的影响》获校级课题一等奖；

2012 年 5 月　获德州市高中体育与健康优秀课一等奖；

2012 年 6 月　获山东省高中体育与健康优秀课一等奖；

2012 年 8 月　教学案例"武术——三段剑术"作为优秀案例入选山东省《教育技术培训教程》（教学人员版·中级）课程资源；

2012 年 10 月　参与教育部组织的第五届全国中小学体育教学观摩展示活动，获一等奖；

2013 年 7 月　被聘为山东省中小学教师远程研修课程专家；

2014 年 10 月　参与"国培计划（2014）——体育美育骨干教师培训项目"，获"优秀学员"称号；

2015 年 5 月　论文《感受快乐体育的魅力》在《体育教学》刊物发表；

2016 年 1 月　被聘为德州市首批教学专家团队成员；

2019 年 11 月　参加"国培计划（2019）——体育美育教研员培训项目"，担任班长，并获"优秀学员"称号；

2019 年 12 月　课例获山东省"一师一优课，一课一名师"活动省优课；

2019 年 12 月　获评德州市教学成果二等奖；

2020 年 9 月　入选"第二期德州名师建设工程人选"；

2021 年 1 月　文章《体育课堂教学中的语言艺术》在《中国学校体育》发表；

2021 年 5 月　课例《武术——剑术》被录用为 2020 年山东省"互联网 + 教师专业发展"工程课程资源；

2021 年 6 月　入选山东省高中体育与健康特级教师工作坊成员；

2021 年 9 月　在德州市"暑期公益课堂"活动中执教公开课；

2021 年 9 月　在德州市"名师名班主任人选送课"活动中执教公开课；

2022 年 1 月　代表我校汇报"德州市强科培优"体育教研基地申报方

案，成功获批；

2022 年 3 月　参加山东省武术骨干教师培训，获"优秀学员"称号；

2022 年 5 月　执教线上《体能：力量练习》课例获市优秀微课；

2022 年 5 月　被聘为山东省"互联网＋教师专业发展"工程省级工作坊主持人；

2022 年 8 月　被聘为山东省"互联网＋教师专业发展"工程省级指导专家；

2022 年 11 月　主持撰写的案例《线上体育教学质量监测机制的实践探索》，获山东省普通中小学线上体育教学优秀案例评选活动学校案例特等奖；

2022 年 11 月　主持完成的《"核心素养培养"背景下高中武术课堂优化研究》学术成果，荣获德州市第十六届自然科学优秀学术成果三等奖；

2022 年 12 月　主持的德州市教育教学研究重点课题《基于核心素养培育的高中体育课堂教学研究》结题；

2023 年 1 月　获首批德州市"名师引航工作室"主持人；

2023 年 4 月　入选"齐鲁名师建设工程人选"；

2023 年 6 月　撰写的案例《"以评促教，以评促学"提高体育教学质量的实践探索》，在 2022 年山东省中小学体育美育劳育典型案例评选中获高中体育教学创新成果二等奖。

附录 II

[1] 赖天德.正确理解《课程标准》认真落实课程理念 [J].体育教学，2004，1：9–11.

[2] 戴恩冰.如何上好高中女生体育课 [J].山东体育学院院报，1999，3（2）：5–7.

[3] 周铃莲.学校体育教学心理环境初探 [J].山东体育科技，1999，3（7）：43–45.

[4] 王删则.学校体育理论与研究 [M].北京：北京体育大学出版社，1998：85–111.

[5] 冯德学.体育教学中调动学生积极性的方法 [J].体育函授通讯，1995，2（10）：32–36.

[6] 何建海.体育课教什么 [J].体育教学，1996，3（5）：10–15.

[7] 戴建新，刘亚鹏，陈秀婷.高中生对体育课学习兴趣与动机的调查 [J].上海体育学院学报，1999，23（增刊）：229–231.

[8] 牛春艳，李玉军.从学生兴趣出发谈弹性体育教学的意义 [J].山东体育科技，2002，24（2）：51，22.

[9] 王定江.高中女生对体育课兴趣的调查及对策研究 [J].郴州师范高等专科学校学报，2002，23（5）：117–119.

[10] 夏峰.要正确认识和对待学生的体育兴趣 [J].中国学校体育，2003，4：1.

[11] 孙晓燕.浅析高中女生体育课教学 [J].宝山师专学报，1999，18（4）：89–90.

[12] 中华人民共和国教育部.普通高中体育与健康课程标准（2017 年版）

[M]. 北京：人民教育出版社，2018.

[13] 林崇德 .21 世纪学生发展核心素养研究 [M]. 北京：北京师范大学出版社，2016.3.1.

[14] 余文森 . 从三维目标走向核心素养 [J]. 上海：华东师范大学学报（教育科学版），2016（01）：12

[15] 张广磊 . 延吉市高中生体育与健康学科核心素养培养模式研究 [D]. 吉林：延边大学，2019.6.3.

[16] 于素梅 . 学生体育学科核心素养培养的基本思路与多元途径 [J]. 体育学刊，2017，24（5）：16–19.

[17] 教育部关于全面深化课程改革落实立德树人根本任务的意见 . 中华人民共和国教育部，2014.

[18]《体育与健康》教学改革指导纲要（试行）. 中华人民共和国教育部，2021.6.23.

[19] 李向前 . 初中体育教学中培养学生核心素养的实践研究 [J]. 当代家庭教育，2021（11）：110–111.

[20] 林庚 . 创新高中体育教学模式，培养学生核心素养 [J]. 家长，2021（11）：12–13.

[21] 张东雪 . 核心素养视角下武术进校园有效开展的实践与探索 [J]. 内江科技，2021，42（06）：76–77.

[22] 林凯 . 核心素养导向下武术教学中民族精神的传承 [J]. 武当，2021（07）：78–79.

[23] 陈巍伟 . 指向武术核心素养的中小学武术有效教学策略与方法设计 [J]. 中华武术，2021（09）：86–87+101.

[24] 桑胜刚 . 核心素养背景下高中武术单元教学之校本研修 [J]. 现代教学，2021（19）：26–27.

[25] 漆斌 . 高中体育教学中核心素养培养策略探究 [J]. 考试周刊，2021（71）：95–97.

[26] 杨辉．下肢功能训练对大学生篮球运动员急停跳投中膝、踝关节稳定性影响的实验研究 [D]. 山西师范大学，2020.

[27] 桑胜刚．核心素养背景下高中武术单元教学之校本研修 [J]. 现代教学，2021（19）：26-27.

[28] 李志鸿．核心素养导向下高中武术教学目标设计研究 [J]. 拳击与格斗，2021（06）：114-115.

[29] 单发明．核心素养视域下中学武术课程设计与实验研究 [D]. 山东师范大学，2020.

[30] 付庆达．高中校园武术的课堂教学 [J]. 当代体育科技，2018，8（05）：172-173.

[31] 黄大生．简析高中武术教学中分层教学法的应用 [J]. 运动，2017（02）：117-118.

[32] 中华人民共和国教育部制定．普通高中体育与健康课程标准（2017年版）[M]. 北京：人民教育出版社，2018.

[33] 尚力沛，程传银．体育学科核心素养导向的课堂教学：目标、过程与策略 [J]. 体育文化导刊，2018（02）：109-114.

[34] 张细谦，张仕宜．核心素养导向下体育与健康课程实施路径的优化 [J]. 体育学刊，2018，25（02）：76-80.

[35] 薛新拾．基于学生核心素养培育的高中体育课堂教学策略研究 [J]. 当代体育科技，2019，9（29）：83-84.

[36] 唐强山．基于学生核心素养培育的高中体育课堂教学策略 [J]. 当代体育科技，2020，10（04）：154+156.

[37] 李博．山西省普通高中体育教研组建设的现状及其变革路径 [D]. 山西师范大学，2019.

[38] 张戈瑜．学科核心素养视域下高中体育教师教学行为优化策略研究 [D]. 山东师范大学，2019.

后　记

　　"绿树阴浓夏日长，楼台倒影入池塘。"望着窗外晴空，我终于将所有书稿内容整合编撰完成，内心除了喜悦和期待之外，更是感慨万千。从筹划出书开始，我的心情便一度紧张又兴奋，将二十几年的教学积累和所思所想编撰成书，虽然不是鸿篇巨著，却凝聚了我的心血，囊括了我的梦想和追求，概括了我对于体育教育的思考和践行。

　　这本书既是我的体育教育生涯小记，也是督促我未来不断前行的动力。90年代，我在刚上班之后不久，就感受到了学校教育中家长对于体育教育的忽视，那个时候，我常常在想，对于学生而言，体育素养的发展不仅关系到学生的身心健康，更会以直接有效的方式锻炼学生意志、培养学生人格，进而影响学生综合素养和人生长远发展。毋庸置疑，在学校教育中，体育教育是非常重要的一环，为什么家长对体育教育的态度是这样的呢？我不断积累，不断提升自己，用实际表现和教学成果向大家证明着一切。认真上好每一堂课，研究教材、了解学生，我扎扎实实地走了几十年。我的诸多获奖论文和教研成果，正是从了解学生心理行为特点开始，在尝试与每个孩子做更多的交流和沟通、鼓励他们大胆表现的过程中，不断发现问题，解决问题，最终回馈教学。以学生为主体，提高教育教学质量，也进一步督促了自己，提升自己的业务水平和能力。随着时间的推移，越来越多的学生从我的体育课堂走出，在更广阔的体育天地飞翔，发挥自己的光和热，令我倍感幸福，这份幸福促使我扎根体育教育，并将在这条道路上驰而不息，勤耕不辍。

　　体育教育是一门既重理论又重实践的学科，在社会飞速发展的当下，我们不仅要感谢如今优越的社会生活条件和教育条件，更要看到其对于体育教育发展更严格的要求。就拿线上教学来说，特殊背景导致了线上教学的大规模实施，这一新型而广泛的教学形式，对教师个人和课堂教学产生了不小的冲击和思索，甚至引发了全社会范围内更广泛、更深刻的思考。这也正是在告诉我们，我们必须上下求索，时刻关注课堂之外的东西，学习科学技术、了解政策、了解社会，由此才能更好的为教育实践服务，才能真正成为一名符合社会发展需求的合格的教育工作者。

筹备书籍时，我总是写写停停，面对二十多年的教育发展历程和繁多的内容，我会不时陷入深思。曾经的热血和努力让我的体育教育之路走得更稳，而一直困扰我的问题也总会在某个时刻、某个契机豁然开朗，回望曾经自己熬夜书写下的竞赛设计内容，回想由于缺乏经验、准备不足而遗憾的点点滴滴，想到家人的支持，遥想曾经指引我坚定走在体育教育道路上的优秀前辈们，我思绪万千，正是这些组成了映照我前行的灯塔，让我一步一个脚印地不断向前，对此，我想道一声最真挚的感谢。

近期，我参与了齐鲁名师名校长名班主任建设工程（2022—2025）的第一次培训，培训中，如何促进教师专业化成长仍然是绕不开的重要议题。从教二十余年来，我取得了一些成绩，但在专业化成长道路上还有很长的路要走，"路漫漫其修远兮，吾将上下而求索"，谨以此话，与大家共勉。

此次出书过程中，因为时间等种种原因，文中可能出现语言表达不当之处，如有不当，恳请大家批评指正。